国家基本职业培训包（指南包 课程包）

全媒体运营师

人力资源社会保障部职业能力建设司编制

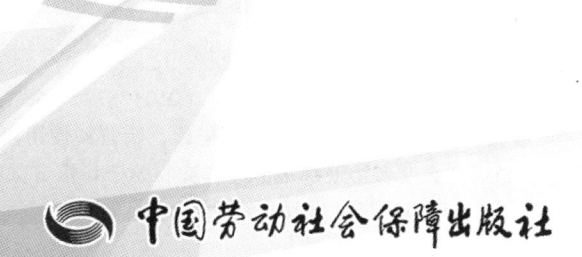

图书在版编目(CIP)数据

全媒体运营师/人力资源社会保障部职业能力建设司编制. -- 北京：中国劳动社会保障出版社，2021

（国家基本职业培训包：指南包　课程包）

ISBN 978-7-5167-4874-9

Ⅰ.①全… Ⅱ.①人… Ⅲ.①传播媒介-运营管理-职业培训-教学参考资料 Ⅳ.①G206.2

中国版本图书馆CIP数据核字（2021）第154217号

中国劳动社会保障出版社出版发行

（北京市惠新东街1号　邮政编码：100029）

*

三河市华骏印务包装有限公司印刷装订　新华书店经销

880毫米×1230毫米　16开本　10.5印张　184千字

2021年8月第1版　2023年5月第4次印刷

定价：32.00元

营销中心电话：400-606-6496

出版社网址：http://www.class.com.cn

http://jg.class.com.cn

版权专有　　侵权必究

如有印装差错，请与本社联系调换：（010）81211666

我社将与版权执法机关配合，大力打击盗印、销售和使用盗版图书活动，敬请广大读者协助举报，经查实将给予举报者奖励。

举报电话：（010）64954652

编制说明

为全面贯彻落实习近平总书记对技能人才工作的重要指示精神，进一步增强职业技能培训针对性和有效性，不断提高培训质量，培养壮大创新型、应用型、技能型人才队伍，按照《人力资源社会保障部办公厅关于推进职业培训包工作的通知》（人社厅发〔2016〕162号）的工作安排，我部持续组织开发培训需求量大的国家基本职业培训包，指导开发地方（行业）特色职业培训包，力争全面建立国家基本职业培训包制度，普遍应用职业培训包高质量开展各类职业培训。

职业培训包开发工作是新时期职业培训领域的一项重要基础性工作，旨在形成以综合职业能力培养为核心、以技能水平评价为导向，实现职业培训全过程管理的职业技能培训体系，这对于进一步提高培训质量，加强职业培训规范化、科学化管理，促进职业培训与就业需求的有效衔接，推行终身职业培训制度具有积极的作用。

国家基本职业培训包由指南包、课程包和资源包三个子包构成，是集培养目标、培训要求、培训内容、课程规范、考核大纲、教学资源等为一体的职业培训资源总和，是职业培训机构对劳动者开展政府补贴职业培训服务的工作规范和指南。

国家基本职业培训包遵循《职业培训包开发技术规程（试行）》的要求，依据国家职业技能标准和企业岗位技术规范，结合新经济、新产业、新职业发

编制说明

展编制,力求客观反映现阶段本职业(工种)的技术水平、对从业人员的要求和职业培训教学规律。

《国家基本职业培训包(指南包 课程包)——全媒体运营师》是在各有关专家的共同努力下完成的。参加编审的主要人员有王熙、姜小墨、于家庆、李寿芳、车传锋、李丽、唐凌峰、王忠、赵其波、张荣恺、王晏殊、梁刚建、果彤林、阚敬侠、吴晨光、徐强、符伟、张媛、苏晓霖、徐熙思、赵晓静、武宸旭、刘子璇、牛丽琨、邢泽锋、丁悦,在编制过程中得到了中国北方人才市场中国天津人力资源开发服务中心、中天人力资源研究院、天津中天人力资源策划发展中心、天津工业大学、北京工业大学、河北工业大学、新奥特(北京)视频有限公司、北京新意尚品文化传媒有限公司等有关单位的大力支持,在此一并致谢。

人力资源社会保障部职业能力建设司

国家基本职业培训包编审委员会

主　任　刘　康
副主任　张　斌　王晓君　袁　芳　葛　玮
委　员　田　丰　项声闻　尚　涛　葛恒双
　　　　蔡　兵　赵　欢　吕红文

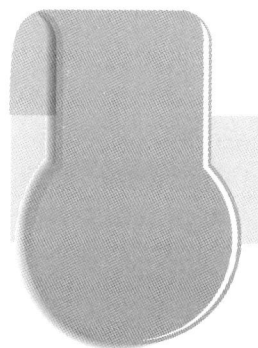

目 录

1 指南包

1.1 职业培训包使用指南 …………………………………………………… 002
    1.1.1 职业培训包结构与内容 ………………………………………… 002
    1.1.2 培训课程体系介绍 ……………………………………………… 003
    1.1.3 培训课程选择指导 ……………………………………………… 012

1.2 职业指南 …………………………………………………………………… 013
    1.2.1 职业描述 ………………………………………………………… 013
    1.2.2 职业培训对象 …………………………………………………… 013
    1.2.3 就业前景 ………………………………………………………… 013

1.3 培训机构设置指南 ………………………………………………………… 014
    1.3.1 师资配备要求 …………………………………………………… 014
    1.3.2 培训场所设备配置要求 ………………………………………… 014
    1.3.3 教学资料配备要求 ……………………………………………… 016
    1.3.4 管理人员配备要求 ……………………………………………… 017
    1.3.5 管理制度要求 …………………………………………………… 017

2 课程包

2.1 培训要求 …………………………………………………………………… 020
    2.1.1 职业基本素质培训要求 ………………………………………… 020
    2.1.2 三级／高级职业技能培训要求 ………………………………… 022

目录

　　　2.1.3　二级/技师职业技能培训要求 ·· 024
　　　2.1.4　一级/高级技师职业技能培训要求 ··· 027
　2.2　课程规范 ··· 029
　　　2.2.1　职业基本素质培训课程规范 ·· 029
　　　2.2.2　三级/高级职业技能培训课程规范 ··· 039
　　　2.2.3　二级/技师职业技能培训课程规范 ··· 051
　　　2.2.4　一级/高级技师职业技能培训课程规范 ·· 069
　　　2.2.5　培训建议中培训方法说明 ··· 081
　2.3　考核规范 ··· 082
　　　2.3.1　职业基本素质培训考核规范 ·· 082
　　　2.3.2　三级/高级职业技能培训理论知识考核规范 ···································· 084
　　　2.3.3　三级/高级职业技能培训操作技能考核规范 ···································· 085
　　　2.3.4　二级/技师职业技能培训理论知识考核规范 ···································· 086
　　　2.3.5　二级/技师职业技能培训操作技能考核规范 ···································· 088
　　　2.3.6　一级/高级技师职业技能培训理论知识考核规范 ························· 088
　　　2.3.7　一级/高级技师职业技能培训操作技能考核规范 ························· 090

附录　培训要求与课程规范对照表

　附录1　职业基本素质培训要求与课程规范对照表 ··· 092
　附录2　三级/高级职业技能培训要求与课程规范对照表 ······························ 102
　附录3　二级/技师职业技能培训要求与课程规范对照表 ······························ 119
　附录4　一级/高级技师职业技能培训要求与课程规范对照表 ···················· 144

1
指南包

1.1 职业培训包使用指南

1.1.1 职业培训包结构与内容

全媒体运营师职业培训包由指南包、课程包、资源包三个子包构成，结构如图1所示。

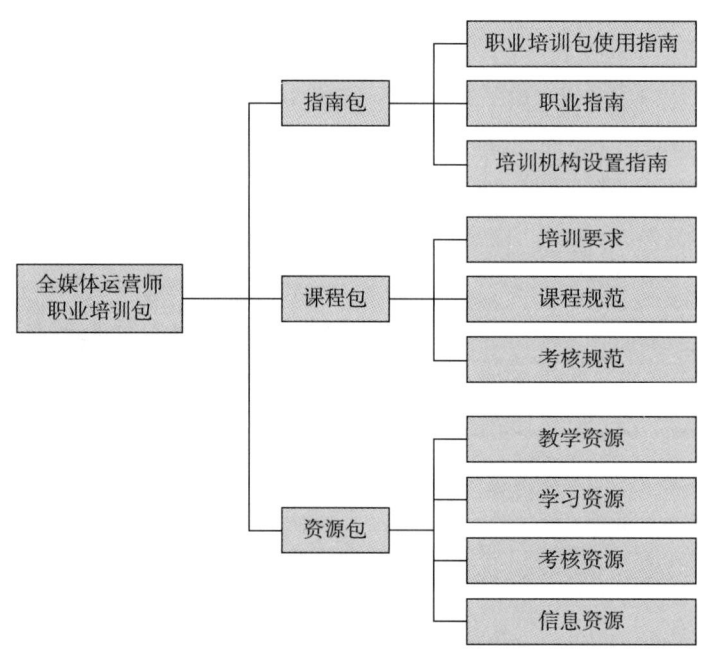

图1 职业培训包结构图

指南包是指导培训机构、培训教师与学员开展职业培训的服务性内容总合，包括职业培训包使用指南、职业指南和培训机构设置指南。职业培训包使用指南是培训教师与学员了解职业培训包内容、选择培训课程、使用培训资源的说明性文本，职业指南是对职业信息的概述，培训机构设置指南是对培训机构开展职业培训提出的具体要求。

课程包是培训机构与教师实施职业培训、培训学员接受职业培训必须遵守的规范总合，包括培训要求、课程规范、考核规范。培训要求是参照国家职业技能标准、结合职业岗位工作实际需求制定的职业培训规范；课程规范是依据培训要求、结合职业培训教学规律，对课程设置、课堂学时、课程内容与培训方法等所做的统一规定；考核规范是针对课程规范中所规定的课程内容开发的,能够科学评价培训学员过程性学习效果与终结性培训成果的规则,是客观衡量培训学员职业基本素质与职业技能水平的标准,也是实施职业培训过程性与终结性考核的依据。

资源包是依据课程包要求,基于培训学员特征,遵循职业培训教学规律,应用先进职业培训课程理念,开发的多媒介、多形式的职业培训与考核资源总合,包括教学资源、学习资源、考核资源和信息资源。教学资源是为培训教师组织实施职业培训教学活动提供的相关资源;学习资源是为培训学员学习职业培训课程提供的相关资源;考核资源是为培训机构和教师实施职业培训考核提供的相关资源;信息资源是为培训教师和学员拓宽视野提供的体现科技进步、职业发展的相关动态资源。

1.1.2 培训课程体系介绍

全媒体运营师职业培训课程体系依据职业技能等级分为职业基本素质培训课程、三级/高级职业技能培训课程、二级/技师职业技能培训课程和一级/高级技师职业技能培训课程,每一类课程包含模块、课程和学习单元三个层级。全媒体运营师职业培训课程体系均源自本职业培训包课程包中的课程规范,以学习单元为基础,形成职业层次清晰、内容丰富的"培训课程超市"。

全媒体运营师职业培训课程学时分配一览表

职业技能等级	课堂学时		其他学时	培训总学时
	职业基本素质培训课程	职业技能培训课程		
三级/高级	64	90	6	160
二级/技师	20	120	10	150
一级/高级技师	10	110	10	130

注:课堂学时是指培训机构开展理论课程教学及实操课程教学的建议最低学时数。除课堂学时外,培训总学时还应包括岗位实习、现场观摩、自学自练等其他学时。

(1)职业基本素质培训课程

模块	课程	学习单元	课堂学时
1. 职业认知与职业道德	1-1 职业认知	职业认知	1
	1-2 职业道德基础知识	职业道德基础知识	2
	1-3 职业守则	职业守则	2

续表

模块	课程	学习单元	课堂学时
2. 全媒体基础知识	2-1 全媒体概述	全媒体概述	1
	2-2 全媒体平台概述	(1) 全媒体平台分类与特点	1
		(2) 全媒体平台基本规则	1
	2-3 全媒体信息表现形式	(1) 全媒体信息类型、含义及特点	1
		(2) 全媒体信息文件格式	1
3. 数据分析基础知识	3-1 数据分析概述	(1) 数据基础知识	1
		(2) 数据分析的意义	1
	3-2 数据分析的工作流程	(1) 数据需求沟通	1
		(2) 抽样工作方法	2
		(3) 资料收集与处理	1
		(4) 数据分析	1
		(5) 结论输出	1
4. 信息加工与选题策划基础知识	4-1 信息加工的基本概念	(1) 信息加工含义及特点	1
		(2) 信息加工的处理方法	1
	4-2 信息加工	(1) 文本类信息加工	1
		(2) 图像类信息加工	2
		(3) 音频类信息加工	1
		(4) 视频类信息加工	2
		(5) 多媒体信息加工	2
	4-3 选题策划基础知识	(1) 选题策划的概念	1
		(2) 选题策划基本原则和方法	1
5. 信息载体营销基础知识	5-1 市场营销基础知识	(1) 市场营销基本理论	2
		(2) 市场营销环境基础知识	2
		(3) 消费者特征基础知识	1
		(4) 消费者行为基础知识	1
	5-2 信息载体营销内容	(1) 信息载体营销概述	1
		(2) 信息载体目标市场定位	1
		(3) 全媒体信息载体受众	1
		(4) 全媒体信息载体营销策略	1
	5-3 信息载体营销管理	(1) 信息载体营销战略	1
		(2) 信息载体渠道管理	1
		(3) 信息载体广告管理	1

续表

模块	课程	学习单元	课堂学时
6. 数据监控基础知识	6-1 数据监控概述	数据监控概述	1
	6-2 数据监控系统	（1）运营数据监控系统	1
		（2）舆情数据监控系统	1
7. 协同运营基础知识	7-1 传播矩阵相关知识	（1）传播矩阵的构建	2
		（2）传播矩阵的运营	2
	7-2 全媒体各端口基础知识	全媒体各端口基础知识	3
	7-3 传播受众分析相关知识	（1）传播学基础知识	1
		（2）受众分析基础知识	4
	7-4 信息管理系统基础知识	信息管理系统基础知识	2
8. 安全操作基础知识	8-1 计算机安全操作知识	计算机安全操作知识	1
	8-2 媒体平台安全管理技术	媒体平台安全管理技术	1
9. 相关法律、法规知识	相关法律、法规知识	相关法律、法规知识	2
课堂学时合计			64

(2) 三级/高级职业技能培训课程

模块	课程	学习单元	课堂学时
1. 数据分析	1-1 获取数据	（1）媒体流量数据获取	1
		（2）媒体内容数据获取	1
		（3）受众行为数据获取	1
		（4）受众态度数据获取	2
	1-2 整理数据	（1）数据录入方法	1
		（2）数据清洗方法	1
		（3）数据可视化处理	2
2. 信息内容加工	2-1 图文内容策划与加工	（1）图文选题策划	1
		（2）图文内容策划	1
		（3）图文版面策划	2
		（4）文本内容加工	1
		（5）图表内容加工	2
		（6）图片内容加工	3
		（7）图文混合内容加工	2

续表

模块	课程	学习单元	课堂学时
2．信息内容加工	2-2 音视频、动画信息策划与加工	（1）音频信息策划	2
		（2）视频、动画信息策划	2
		（3）音频信息加工	4
		（4）视频、动画信息加工	6
3．信息载体营销	3-1 信息载体站内推送与站外分发	（1）信息载体站内推送准备	1
		（2）信息载体推送选题	1
		（3）信息载体分类	1
		（4）信息载体标注	1
		（5）提出站内信息推送计划	2
		（6）阶段性分析数据提取	1
		（7）整理与提交阶段性信息推送效果数据	1
		（8）提出站外受众流量数据提取需求	1
		（9）站外受众偏好属性数据收集与标注	1
		（10）站外信息载体分发准备与选题报题	4
		（11）提取站外实时热点信息监控数据	1
		（12）制订站外热点信息载体分发计划	1
		（13）站外分发信息跟踪数据整理	1
	3-2 信息载体多渠道传播矩阵营销	（1）多平台矩阵账号受众数据提取	1
		（2）多平台矩阵账号受众偏好标注	1
		（3）目标平台矩阵账号信息推送加工选题报题	2
		（4）多平台矩阵账号一般信息推送计划	1
		（5）多平台矩阵账号热点信息推送计划	1
		（6）多平台矩阵账号推送信息跟踪数据整理	4

续表

模块	课程	学习单元	课堂学时
3. 信息载体营销	3-2 信息载体多渠道传播矩阵营销	（7）外链平台渠道信息收集	2
		（8）外链平台渠道接收信息数据标准	2
		（9）多次分发信息载体的外链渠道准备	1
		（10）外链渠道多次分发信息载体准备	1
		（11）信息载体多次分发	1
		（12）信息载体多次分发效果跟踪	1
	3-3 信息增值营销	（1）站内广告植入信息分类推送	2
		（2）广告植入信息与站内受众匹配	2
		（3）目标媒体平台广告投放	4
		（4）站外广告投放数据收集	4
4. 数据监控	4-1 数据监控系统设置	（1）全网监控对象设置	1
		（2）定向监控对象设置	1
		（3）基础监控参数设置	1
		（4）预警参数设置	2
	4-2 实时数据监控	（1）报告数据异动	1
		（2）生成实时监控报告	2
课堂学时合计			90

（3）二级/技师职业技能培训课程

模块	课程	学习单元	课堂学时
1. 数据分析	1-1 分析媒体和受众数据	（1）制订数据获取方案	2
		（2）流量数据分析	4
		（3）内容数据分析	4
		（4）受众数据分析	2
	1-2 评估媒体运营匹配的精准性	（1）媒体运营匹配精准性评价	1
		（2）媒体运营匹配精准性评估报告撰写方法	1

续表

模块	课程	学习单元	课堂学时
1. 数据分析	1-3 评估信息传播匹配的精准性	（1）信息传播匹配精准性评价	1
		（2）信息传播匹配精准性评估报告撰写方法	1
2. 信息内容加工	2-1 信息内容筛选与加工策划	（1）图文信息内容筛选方案编写	1
		（2）音频信息内容筛选方案编写	1
		（3）视频信息内容筛选方案编写	1
		（4）动画信息内容筛选方案编写	1
		（5）图文信息内容加工策划方案撰写	1
		（6）音频信息内容加工策划方案撰写	1
		（7）视频信息内容加工策划方案撰写	1
		（8）动画信息内容加工策划方案撰写	1
	2-2 信息内容整合加工	（1）图文信息内容整合加工	2
		（2）音频信息内容整合加工	2
		（3）视频信息内容整合加工	2
		（4）动画信息内容整合加工	3
	2-3 信息资源编目与存储	（1）信息资源编目	7
		（2）信息资源存储	2
3. 信息载体营销	3-1 站内与站外精准营销	（1）站内受众流量数据调取	1
		（2）站内受众属性划分与标注	1
		（3）信息载体地域属性划分与标注	1
		（4）信息载体内容类别属性划分与标注	1
		（5）提出站内信息载体推送的加工需求	1
		（6）制订站内信息载体精准推送方案	2
		（7）阶段性站内信息载体推送效果数据分析	2

续表

模块	课程	学习单元	课堂学时
3．信息载体营销	3-1 站内与站外精准营销	（8）编写站内信息载体精准推送效果反馈报告	1
		（9）站外受众流量数据提取	1
		（10）站外受众属性标注	1
		（11）提取站外信息载体浏览热度数据	2
		（12）制订站外信息载体精准分发方案	1
		（13）阶段性站外信息载体分发效果数据分析	3
		（14）编写阶段性站外信息载体分发效果反馈报告	2
	3-2 信息载体多渠道传播矩阵营销	（1）跨平台信息流量监控数据提取与标注	2
		（2）传播矩阵账号功能属性划分与标注	1
		（3）传播矩阵账号推送信息加工报题	2
		（4）制订传播矩阵账号信息载体推送计划	1
		（5）传播矩阵账号流量分析数据提取	1
		（6）编写跨平台传播矩阵账号信息推送效果反馈报告	1
		（7）外链平台渠道的开发	2
		（8）外链平台渠道信息分发的流程	2
		（9）外链平台渠道信息多次分发方案	2
		（10）外链平台渠道信息分发效果评估	2
	3-3 信息增值营销	（1）与站内原有广告资源冲突筛选	2
		（2）与站内频道资源时间冲突筛选	2
		（3）依据广告属性制订投放计划	2

续表

模块	课程	学习单元	课堂学时
3. 信息载体营销	3-3 信息增值营销	（4）依据频道资源制订投放计划	1
		（5）依据投放计划站内执行精准投放	1
		（6）站内广告受众阶段性数据分析	1
		（7）广告与受众偏好匹配	2
4. 数据监控	4-1 分析监控数据	（1）舆情热点分析	1
		（2）竞品监控数据分析	1
		（3）异动监控数据分析	1
	4-2 撰写监控数据分析报告	（1）监控数据分析报告撰写方法	2
		（2）提出调整媒体分发渠道建议	2
5. 协同运营	5-1 全媒体传播矩阵运营	（1）全媒体传播矩阵的构建	2
		（2）全媒体传播矩阵的操作运营	2
		（3）全媒体传播矩阵的信息发布	2
		（4）全媒体传播矩阵的端口操作	2
		（5）全媒体传播矩阵的端口信息整合传播	2
	5-2 全媒体各端口协同运营	（1）全媒体各端口信息输入操作运营	4
		（2）全媒体各端口信息输出操作运营	4
6. 培训与指导	6-1 培训	（1）职业培训基本流程	1
		（2）制订培训计划	1
		（3）课堂组织与教学	2
	6-2 指导	技能指导的组织和评定	2
课堂学时合计			120

（4）一级/高级技师职业技能培训课程

模块	课程	学习单元	课堂学时
1. 信息内容加工策划	1-1 审核信息内容加工策划方案	（1）审核信息内容加工策划方案选题	2
		（2）审核信息内容加工策划方案可行性	2

续表

模块	课程	学习单元	课堂学时
1．信息内容加工策划	1-2 评估信息内容加工质量	（1）评估信息内容加工结果的规范性	3
		（2）评估信息内容加工结果的标准性	2
		（3）评估信息内容对接媒介的匹配性	1
2．信息载体营销	2-1 评估站内与站外精准营销效果	（1）提出站内受众特定需求精准分析	2
		（2）站内信息载体匹配性筛选与推送审核	2
		（3）提出站内信息载体推送反馈与信息加工意见	2
		（4）审核阶段性信息载体精准推送的需求规划	2
		（5）提出媒体平台品牌化发展规划	6
		（6）提出媒体平台品牌化营销体系战略	6
		（7）审核确定站外受众需求信息	1
		（8）审核确定站外信息载体分发方案与规划	1
		（9）审核确定站外媒体渠道开发与规划方案	4
		（10）审核确定地域属性信息分发营销规划	4
		（11）站外信息精准分发品牌化营销规划审核	4
		（12）其他媒体平台品牌竞争环境评估	4
	2-2 评估多渠道矩阵营销效果	（1）传播矩阵精准组合	2
		（2）传播矩阵精准匹配	2
		（3）信息载体多次推送准备	2
		（4）信息载体多次推送效果评估	2
		（5）阶段性多次推送效果评估	2
		（6）传播矩阵多次推送效果评估	2

续表

模块	课程	学习单元	课堂学时
2．信息载体营销	2-3 评估信息增值营销效果	（1）广告信息分类审核	2
		（2）广告分类投放计划审核	2
		（3）目标受众有效分析报告审核	2
		（4）目标受众精准投放计划效果审核	2
		（5）广告植入信息受众需求匹配审核	2
		（6）广告植入信息推送效果分析审核	2
		（7）广告投放流量预期审核	2
		（8）广告投放销售预期效果评估	2
3．数据监控	3-1 制订数据监控方案	（1）构建数据监控指标体系	2
		（2）制订数据监控方案的方法	2
	3-2 审核数据监控分析报告	（1）审核数据监控分析报告的要求与方法	2
		（2）审核媒体分发渠道调整建议	2
4．协同运营	4-1 全媒体传播矩阵运营管理	（1）制订全媒体传播矩阵的构建方案	6
		（2）多维度信息出入口的构建	2
	4-2 调整全媒体各端口协同运营战略	（1）制订全媒体各端口调整方案	4
		（2）制定全媒体各端口协同运营战略规划	4
		（3）传播矩阵各端口信息内容管理	2
		（4）传播矩阵协同运营调整	4
5．培训与指导	5-1 培训	理论知识培训	2
	5-2 指导	技能指导	2
课堂学时合计			110

1.1.3 培训课程选择指导

职业基本素质培训课程为必修课程，相当于本职业的入门课程。各级别职业技能培训课程由培训机构教师根据培训学员实际情况，遵循高级别涵盖低级别的原则进行选择。

原则上，初入职的培训学员应学习职业基本素质培训课程和三级/高级职业技能培训课程的全部内容，有职业技能等级提升需求的培训学员，可按照国家职业技能标准的"鉴定要求"，对照自身需求选择更高等级的培训课程。

具有一定从业经验、无职业技能等级晋升要求的培训学员，可根据自身实际情况自主选择本职业培训课程体系。具体方法为：（1）选择课程模块；（2）在模块中筛选课程；（3）在课程中筛选学习单元；（4）组合成本次培训的课程内容。

培训教师可以根据以上方法对培训学员进行单独指导。对于订单培训，培训教师可以按照如上方法，对照订单需求进行培训课程的选择。

1.2 职业指南

1.2.1 职业描述

全媒体运营师是指综合利用各种媒介技术和渠道，采用数据分析、创意策划等方式，从事对信息进行加工、匹配、分发、传播、反馈等工作的人员。

1.2.2 职业培训对象

全媒体运营师职业培训的对象主要包括：城乡未继续升学的应届高中毕业生、农村转移就业劳动者、城镇登记失业人员、转岗转业人员、退役军人、企业在职职工和高校毕业生等各类有培训需求的人员。

1.2.3 就业前景

全媒体运营师可以在各大企事业单位、媒体专业机构的宣传策划运营等岗位，尤其是门户网站、广告公司、娱乐公司、电视新闻机构以及传媒机构的媒体宣传、策划、营销与运营等岗位工作。

1.3 培训机构设置指南

1.3.1 师资配备要求

(1) 培训教师任职基本条件

所有培训教师应具有高等院校（全日制）本科及以上学历并取得毕业证书，持有中等职业学校及以上教师资格证。

1) 培训三级/高级、二级/技师全媒体运营师的教师应具有本职业三级/高级工职业资格证书（技能等级证书）或相关专业中级及以上专业技术职务任职资格；具有3年及以上教学经历；掌握本职业通用的教学技能及现代教育技术，有3年及以上本行业工作经历，熟悉相关法律、法规。

2) 培训全媒体运营师一级/高级技师的教师应具有相关专业副高级专业技术职务任职资格；具有5年及以上教学经历；掌握本职业通用的教学技能及现代教育技术，有5年及以上本行业工作经历，熟悉相关法律、法规。

(2) 培训教师数量要求（以30人培训班为基准）

1) 全媒体运营师三级/高级、二级/技师培训班教师数量要求：每班配备专业课教师2人（含）以上。其中专业理论教师不少于1人，实习指导教师不少于1人。培训规模超过30人的，按教师与学员之比不低于1:20配备教师。

2) 全媒体运营师一级/高级技师培训班教师数量要求：每班配备专业课教师3人（含）以上。其中专业理论教师不少于1人，实习指导教师不少于2人。培训规模超过30人的，按教师与学员之比不低于1:20配备教师。

1.3.2 培训场所设备配置要求

培训场所设备配置要求如下（以30人培训班为基准）。

(1) 理论知识培训场所设施配置要求：60平方米以上标准教室，多媒体教学设备（计算机、投影仪、幕布或显示屏、网络接入设备、音响设备）、黑（白）板、30套以上桌椅，符合照明、通风、安全等相关规定。

(2) 操作技能培训场所设备配置要求：标准计算机实训教室，实习工位充足，设备设施配套齐全，符合环保、劳保、安全、卫生、消防、通风和照明等相关规定及安全规程。

全媒体运营师培训应配置计算机、工作站、大屏、数据库、交换机、云端资源、服务器、无线路由器、非编系统、图文系统、大屏包装、视频矩阵服务、资讯汇聚服务器、多媒体显示系统、互联网编辑工具、多站点数据库、发布平台、融合系统等实训设备、工具及必需的工作台（桌）、椅。

实训用设备、工具、仪器、仪表及其他物品、材料等配置要求如下。

序号	用具设备及其他物品、材料	数量或规格说明	等级		
			三级/高级	二级/技师	一级/高级技师
1	标准网络机柜	数量：8台 规格：600×600×1 600（长×宽×高），32 U	√	√	√
2	PDU机柜电源插板	8个，8位，10 A，2 500 W	√	√	√
3	24口网络配线架	8个，固定组合模块式，1 U 8个，可拆卸模块式，1 U	√	√	√
4	24口理线器	16个，12档，1 U	√	√	√
5	24口语音配线架	8个，可拆卸模块式，1 U	√	√	√
6	计算机	8台，局域组网，无线Wi-Fi	√	√	√
7	工作站	10个，双十核心CPU、16 G内存，硬盘按需配置	√	√	√
8	大屏	30个，拼接屏幕，屏幕间隙不高于3.5 mm	√	√	×
9	数据库	1套，支持分布式数据库部署	√	√	×
10	交换机	8台，8口千兆	√	√	×
11	云端资源	2盘，耗材按需储备	√	√	×
12	服务器	8台，双十核心CPU、16 G内存，硬盘按需配置	√	√	×
13	无线路由器	8台，4口千兆	√	√	×
14	非编系统	8台，支持本地编辑与云编辑切换，可实现本地、云端混编功能	√	√	×
15	图文系统	30台，双十核心CPU、16 G内存，硬盘按需配置，专业图文软件	√	√	√

续表

序号	用具设备及其他物品、材料	数量或规格说明	等级		
			三级/高级	二级/技师	一级/高级技师
16	大屏包装	30个，双十核心CPU、16G内存，硬盘按需配置，专业图文软件	√	√	×
17	视频矩阵服务	1个，双十核心CPU、16G内存，硬盘按需配置，专业图文软件	√	√	×
18	资讯汇聚服务器	1个，具备互联网信息汇聚收集整理功能	√	√	×
19	多媒体显示系统	30套，国外/国内品牌产品	√	√	×
20	互联网编辑工具	30套，双十核心CPU、16G内存，硬盘按需配置	×	√	×
21	多站点数据库	1套，按照需求进行数据爬取	×	√	×
22	发布平台	1套，双十核心CPU、16G内存，硬盘按需配置	√	√	×
23	融合系统	1套，容纳融合媒体平台需要的网络工具	√	√	×
24	网络电视	8台，32寸	√	√	√
25	视频信号场强仪	4台，具备视频信号强度测试功能	√	√	√
26	拾音器	30台，国内品牌产品	√	√	√
27	视频服务器	8台	√	√	×
28	解码器	8台	√	√	×
29	直流供电电源	30台	√	√	√

1.3.3 教学资料配备要求

（1）培训规范：《全媒体运营师国家职业技能标准》《全媒体运营师职业基本素质培训要求》《全媒体运营师职业技能培训要求》《全媒体运营师职业基本素质培训课程规范》《全媒体运营师职业技能培训课程规范》《全媒体运营师职业基本素质培训考核规范》《全媒体运营师职业技能培训理论知识考核规范》《全媒体运营师职业技能培训操作技能考核规范》。

（2）教学资源、教材教辅、网络资源等内容必须符合"（1）培训规范"。

1.3.4 管理人员配备要求

（1）专职校长：1人，应具有本科及以上文化程度、副高级及以上专业技术职务任职资格，从事职业技术教育及教学管理5年以上，熟悉职业培训的有关法律、法规。

（2）教学管理人员：1人以上，专职不少于1人；应具有本科及以上文化程度、中级及以上专业技术职务任职资格，从事职业技术教育及教学管理5年以上，具有丰富的教学管理经验。

（3）办公室人员：1人以上，应具有大专及以上文化程度。

（4）财务管理人员：2人，应具有大专及以上文化程度、财会人员从业资格证书。

1.3.5 管理制度要求

应建立健全完备的管理制度，包括办学章程与发展规划、教学管理、教师管理、学员管理、财务管理、设备管理等制度。

2 课程包

2.1 培训要求

2.1.1 职业基本素质培训要求

职业基本素质模块	培训内容	培训细目
1. 职业认知与职业道德	1-1 职业认知	(1) 全媒体运营师简介 (2) 全媒体运营师工作内容
	1-2 职业道德基础知识	(1) 道德与职业道德的概念 (2) 职业道德的社会作用及表现形式 (3) 全媒体运营师职业道德规范
	1-3 职业守则	全媒体运营从业人员职业守则
2. 全媒体基础知识	2-1 全媒体概述	(1) 全媒体的概念 (2) 全媒体的发展现状
	2-2 全媒体平台概述	(1) 全媒体平台分类与特点 (2) 全媒体平台基本规则
	2-3 全媒体信息表现形式	(1) 全媒体信息类型 (2) 全媒体信息特点 (3) 全媒体信息文件格式
3. 数据分析基础知识	3-1 数据分析概述	(1) 数据的概念、类型及来源 (2) 数据分析在运营中的作用
	3-2 数据分析的工作流程	(1) 数据需求沟通要点 (2) 抽样工作方法 (3) 资料收集基础知识 (4) 资料处理概述 (5) 数据分析基础知识 (6) 结论输出概述
4. 信息加工与选题策划基础知识	4-1 信息加工的基本概念	(1) 信息加工的含义 (2) 信息加工的特点 (3) 信息加工的处理方法
	4-2 信息加工	(1) 文本类信息加工 (2) 图像类信息加工 (3) 音频类信息加工 (4) 视频类信息加工 (5) 多媒体信息加工

续表

职业基本素质模块	培训内容	培训细目
4. 信息加工与选题策划基础知识	4-3 选题策划基础知识	(1) 选题策划的概念 (2) 选题策划的基本原则 (3) 选题策划的基本方法
5. 信息载体营销基础知识	5-1 市场营销基础知识	(1) 市场营销基本理论 (2) 市场营销环境 (3) 消费者特征 (4) 消费者行为
	5-2 信息载体营销内容	(1) 信息载体市场营销 (2) 信息载体目标市场定位 (3) 信息载体受众 (4) 信息载体营销策略
	5-3 信息载体营销管理	(1) 信息载体营销战略 (2) 信息载体渠道管理 (3) 信息载体广告管理
6. 数据监控基础知识	6-1 数据监控概述	(1) 数据监控的目的 (2) 数据监控的工作内容
	6-2 数据监控系统	(1) 运营数据监控系统 (2) 舆情数据监控系统
7. 协同运营基础知识	7-1 传播矩阵相关知识	(1) 传播矩阵构建原则 (2) 传播矩阵的构建方法 (3) 传播矩阵的操作运营
	7-2 全媒体各端口基础知识	(1) 全媒体端口概念类型 (2) 全媒体各端口应用现状
	7-3 传播受众分析相关知识	(1) 传播学相关基础知识 (2) 受众类型 (3) 受众特点 (4) 受众选择
	7-4 信息管理系统基础知识	(1) 信息管理系统的概念 (2) 信息管理系统的应用
8. 安全操作基础知识	8-1 计算机安全操作知识	(1) 计算机病毒预防 (2) 计算机安全操作规范
	8-2 媒体平台安全管理技术	(1) 身份认证技术 (2) 数据加密技术
9. 相关法律、法规知识	相关法律、法规知识	(1)《中华人民共和国宪法》相关知识 (2)《中华人民共和国民法典》相关知识 (3)《中华人民共和国网络安全法》相关知识 (4)《中华人民共和国电子商务法》相关知识

续表

职业基本素质模块	培训内容	培训细目
9．相关法律、法规知识	相关法律、法规知识	（5）《中华人民共和国密码法》相关知识 （6）《中华人民共和国著作权法》相关知识 （7）《中华人民共和国广告法》相关知识 （8）《中华人民共和国国家通用语言文字法》相关知识 （9）《网络信息内容生态治理规定》相关知识

2.1.2 三级／高级职业技能培训要求

职业功能模块	培训内容	技能目标	培训细目
1．数据分析	1-1 获取数据	1-1-1 能获取媒体数据	（1）获取媒体流量数据 （2）获取媒体内容数据
		1-1-2 能获取受众数据	（1）获取受众行为数据 （2）获取受众态度数据
	1-2 整理数据	1-2-1 能录入数据	（1）数据编码 （2）数据录入
		1-2-2 能清洗数据	（1）识别需要清洗的数据 （2）处理缺失值、异常值、重复值
		1-2-3 能可视化呈现数据	（1）编制数据可视化方案 （2）制作数据图表
2．信息内容加工	2-1 图文内容策划与加工	2-1-1 能策划图文内容信息	（1）确定标题 （2）选择与文字相关的图片、表格等 （3）策划图文版面
		2-1-2 能加工图文内容信息	（1）文本内容的加工 （2）图表内容的加工 （3）图片内容的加工 （4）图文混合内容的加工
	2-2 音视频、动画信息策划与加工	2-2-1 能策划音视频、动画信息	（1）编写音频脚本 （2）编写视频、动画脚本 （3）对音频素材进行分类选择 （4）对视频、动画素材进行分类选择

续表

职业功能模块	培训内容	技能目标	培训细目
2．信息内容加工	2-2 音视频、动画信息策划与加工	2-2-2 能加工音视频、动画信息	（1）对音频内容进行粗剪 （2）对音频进行音质和音效处理 （3）对视频、动画内容进行粗剪 （4）对视频、动画进行效果处理
3．信息载体营销	3-1 信息载体站内推送与站外分发	3-1-1 能进行信息载体站内推送	（1）提交信息载体推送的加工需求 （2）对站内信息载体进行分类与标注 （3）提交站内信息载体推送计划 （4）反馈站内信息推送效果
		3-1-2 能进行信息载体站外分发	（1）对站外受众进行标注 （2）提交站外分发信息载体加工需求 （3）提交站外热点信息载体分发计划 （4）跟踪站外信息载体分发效果
	3-2 信息载体多渠道传播矩阵营销	3-2-1 能运用传播矩阵进行信息载体推送	（1）多平台传播矩阵账号受众标注 （2）多平台传播矩阵账号推送信息载体选题报题 （3）提交多平台传播矩阵账号信息推送计划 （4）多平台传播矩阵账号信息推送效果跟踪
		3-2-2 能多次分发信息载体	（1）外链平台渠道数据收集整理 （2）外链渠道信息载体多次分发准备 （3）外链渠道信息载体多次分发与效果跟踪
	3-3 信息增值营销	3-3-1 能推送站内平台广告植入信息	（1）根据站内资源进行广告植入信息推送 （2）根据受众偏好进行广告植入信息推送
		3-3-2 能分发站外广告植入信息	（1）目标媒体平台广告信息投放 （2）站外媒体平台广告投放效果跟踪
4．数据监控	4-1 数据监控系统设置	4-1-1 能设置数据监控对象	（1）设置全网数据监控对象 （2）设置定向数据监控对象
		4-1-2 能设置数据监控参数	（1）设置基础监控参数 （2）设置预警监控参数

续表

职业功能模块	培训内容	技能目标	培训细目
4．数据监控	4-2 实时数据监控	4-2-1 能报告数据异动	(1) 查看监测数据 (2) 判断数据异动类型 (3) 发送预警信息
		4-2-2 能生成实时监控报告	(1) 制作实时监控报告模板 (2) 导出实时监控报告

2.1.3 二级 / 技师职业技能培训要求

职业功能模块	培训内容	技能目标	培训细目
1．数据分析	1-1 分析媒体和受众数据	1-1-1 能制订数据获取方案	(1) 确定数据分析指标体系 (2) 制订数据获取方案
		1-1-2 能分析媒体数据	(1) 分析流量数据 (2) 分析内容数据
		1-1-3 能分析受众数据	(1) 确定受众数据分析模型 (2) 分析受众数据
	1-2 评估媒体运营匹配的精准性	1-2-1 能评估媒体运营匹配的精准性	(1) 确定媒体运营匹配精准性标准 (2) 评估媒体运营匹配的精准性
		1-2-2 能撰写媒体运营匹配的精准性评估报告	(1) 确定评估报告内容 (2) 撰写评估报告
	1-3 评估信息传播匹配的精准性	1-3-1 能评估信息传播的匹配精准性	(1) 确定信息传播匹配精准性标准 (2) 评估信息传播匹配的精准性
		1-3-2 能撰写信息传播匹配的精准性评估报告	(1) 确定评估报告内容 (2) 撰写信息传播匹配精准性评估报告
2．信息内容加工	2-1 信息内容筛选与加工策划	2-1-1 能制订信息内容筛选方案	(1) 编写图文信息内容筛选方案 (2) 编写音视频信息内容筛选方案 (3) 编写动画信息内容筛选方案
		2-1-2 能制订信息内容加工策划方案	(1) 编写图文信息内容加工策划方案 (2) 编写音视频信息内容加工策划方案 (3) 编写动画信息内容加工策划方案

续表

职业功能模块	培训内容	技能目标	培训细目
2. 信息内容加工	2-2 信息内容整合加工	2-2-1 能对图文信息内容进行整合加工	(1) 图文信息筛选 (2) 图文信息分类 (3) 图文信息编辑
		2-2-2 能对音频内容进行整合加工	(1) 音频内容筛选 (2) 音频内容分类 (3) 音频内容编辑
		2-2-3 能对视频内容进行整合加工	(1) 视频内容筛选 (2) 视频内容分类 (3) 视频内容编辑
		2-2-4 能对动画内容进行整合加工	(1) 动画内容筛选 (2) 动画内容分类 (3) 动画内容编辑
	2-3 信息资源编目与存储	2-3-1 能分类编目图文、音视频、动画信息	(1) 文本、图表信息编目方法 (2) 图文信息编目方法 (3) 音频信息编目方法 (4) 视频信息编目方法 (5) 动画信息编目方法
		2-3-2 能分类存储图文、音视频、动画信息	(1) 文本、图表信息分类存储方法 (2) 图文信息分类存储方法 (3) 音频信息分类存储方法 (4) 视频信息分类存储方法 (5) 动画信息分类存储方法
3. 信息载体营销	3-1 站内与站外精准营销	3-1-1 能根据受众需求将信息载体在站内精准推送并编写反馈报告	(1) 对站内受众进行属性划分与标注 (2) 对站内信息载体进行属性划分与标注 (3) 制订站内信息精准推送方案 (4) 编写站内信息推送效果反馈报告
		3-1-2 能根据受众需求将信息载体在站外进行精准分发并编写反馈报告	(1) 对站外受众进行识别与标注 (2) 制订站外信息精准分发方案 (3) 编写站外信息分发效果反馈报告
	3-2 信息载体多渠道传播矩阵营销	3-2-1 能运用传播矩阵进行信息载体推送	(1) 跨平台传播矩阵账号功能划分与标注 (2) 制订跨平台传播矩阵账号信息载体推送方案 (3) 编写跨平台传播矩阵账号效果反馈报告

续表

职业功能模块	培训内容	技能目标	培训细目
3．信息载体营销	3-2 信息载体多渠道传播矩阵营销	3-2-2 能运用外链平台渠道多次分发信息载体	（1）外链平台渠道的开发和信息发布规范 （2）制订外链渠道信息分发方案
	3-3 信息增值营销	3-3-1 能推送平台广告植入信息	（1）依据广告属性与要求进行分类筛选 （2）依据站内资源有序推送广告 （3）按照受众数据精准投放广告
		3-3-2 能推送和分发外链广告植入信息	（1）依据受众偏好匹配推送广告信息 （2）依据受众偏好精准分发广告信息
4．数据监控	4-1 分析监控数据	4-1-1 能分析舆情监控数据	（1）确定舆情热点数据 （2）舆情监控数据分析方法
		4-1-2 能分析竞品监控数据	（1）确定竞品监控数据 （2）竞品监控数据分析方法
		4-1-3 能分析异动监控数据	（1）确定异动监控数据 （2）异动监控数据分析方法
	4-2 撰写监控数据分析报告	4-2-1 能撰写监控数据分析报告	（1）监控结果分析 （2）撰写监控数据分析报告
		4-2-2 能提出媒体分发渠道调整建议	（1）确定媒体分发渠道调整依据 （2）提出媒体分发渠道调整建议
5．协同运营	5-1 全媒体传播矩阵运营	5-1-1 能建立全媒体传播矩阵	（1）构建全媒体传播矩阵 （2）全媒体传播矩阵运营 （3）利用全媒体传播矩阵进行信息发布
		5-1-2 能使用全媒体传播矩阵进行信息整合传播	（1）全媒体传播矩阵的端口操作 （2）全媒体传播矩阵的端口信息整合传播
	5-2 全媒体各端口协同运营	5-2-1 能执行多端口信息输入协同运营	（1）多端口信息输入方法 （2）多端口信息输入协同运营
		5-2-2 能执行多端口信息输出协同运营	（1）多端口信息输出方法 （2）多端口信息输出协同运营
6．培训与指导	6-1 培训	6-1-1 能制订培训计划	（1）掌握培训基本流程 （2）编写培训计划
		6-1-2 能对三级/高级及以下人员实施培训	（1）常用教学法的使用 （2）课堂教学的组织
	6-2 指导	能对三级/高级及以下人员实施技能指导	（1）技能指导的组织 （2）技能效果的评定

2.1.4 一级/高级技师职业技能培训要求

职业功能模块	培训内容	技能目标	培训细目
1. 信息内容加工策划	1-1 审核信息内容加工策划方案	1-1-1 能审核信息内容加工策划方案的选题	(1) 选题热点分析比对 (2) 选题合理性审核 (3) 选题合规性审核
		1-1-2 能审核信息内容加工策划方案的可行性	(1) 策划方案中的要素指标审核 (2) 策划方案中的信息内容加工方法审核
	1-2 评估信息内容加工质量	1-2-1 能评估信息内容加工的规范性	(1) 信息形式质量评估 (2) 信息内容质量评估
		1-2-2 能评估信息内容加工的标准性	(1) 信息内容的加工结果标准评估 (2) 信息内容加工效果对接媒介平台营销需求的评估
2. 信息载体营销	2-1 评估站内与站外精准营销效果	2-1-1 能对站内精准推送信息进行评估	(1) 根据受众分析数据指导站内信息载体推送匹配 (2) 根据站内信息载体推送反馈审核指导后续推送规划 (3) 根据行业趋势指导媒体平台信息推送品牌化营销
		2-1-2 能对站外精准分发信息进行评估	(1) 站外受众阶段性需求信息跟踪 (2) 审核确定站外媒体渠道开发方案 (3) 站外信息精准分发品牌化营销效果评估
	2-2 评估多渠道矩阵营销效果	2-2-1 能对传播矩阵精准组合匹配进行评估	(1) 传播矩阵精准组合 (2) 传播矩阵精准匹配
		2-2-2 能对媒体矩阵多次推送信息效果进行评估	(1) 矩阵账号多次推送规划 (2) 多次推送效果审核评估
	2-3 评估信息增值营销效果	2-3-1 能对受众人群广告投放策略与效果进行评估	(1) 审核广告投放计划与形式 (2) 审核受众人群精准投放策略 (3) 审核受众人群精准投放效果
		2-3-2 能对推送和分发外部广告进行审核	(1) 审核站外广告受众匹配效果 (2) 评估广告预期回报效果

续表

职业功能模块	培训内容	技能目标	培训细目
3. 数据监控	3-1 制订数据监控方案	3-1-1 能构建数据监控指标体系	（1）分解数据监控目标 （2）确定数据监控指标
		3-1-2 能制订数据监控方案	（1）确定数据监控目的 （2）制订数据监控方案的方法
	3-2 审核数据监控分析报告	3-2-1 能审核数据监控分析报告	（1）确定数据监控分析报告审核要求 （2）审核数据监控分析报告的方法
		3-2-2 能审核媒体分发渠道调整建议	（1）审核媒体分发渠道调整依据 （2）审核媒体分发渠道调整建议的方法
4. 协同运营	4-1 全媒体传播矩阵运营管理	4-1-1 能构建全媒体传播矩阵方案	（1）制订全媒体传播矩阵的构建方案 （2）制订全媒体传播矩阵的优化方案
		4-1-2 能建立多维度信息出入口	（1）全媒体各端口信息获取与服务 （2）多维度信息出入口管理
	4-2 调整全媒体各端口协同运营战略	4-2-1 能调整全媒体各端口，制定协同运营战略规划	（1）制订全媒体各端口的调整方案 （2）制定全媒体协同运营战略规划
		4-2-2 能动态调整运营战略	（1）管理传播矩阵各端口信息内容 （2）调整传播矩阵协同运营战略
5. 培训与指导	5-1 培训	能对二级/技师及以下级别人员进行理论知识培训	（1）培训二级/技师编写理论知识培训计划 （2）对低级别人员进行理论知识培训
	5-2 指导	能对二级/技师及以下级别人员进行技能指导	（1）技能指导的基本步骤 （2）技能指导的方法

2.2 课程规范

2.2.1 职业基本素质培训课程规范

模块	课程	学习单元	课程内容	培训建议	课堂学时
1.职业认知与职业道德	1-1 职业认知	职业认知	1）全媒体及全媒体运营的认知 2）全媒体运营师职业认知	（1）方法：讲授法 （2）重点与难点：全媒体运营师工作内容	1
	1-2 职业道德基础知识	职业道德基础知识	1）道德与职业道德的概念 ①道德的概念 ②职业道德的概念 2）职业道德的社会作用及表现形式 ①职业道德的社会作用 ②职业道德的表现形式 3）全媒体运营师职业道德规范	（1）方法：讲授法 （2）重点与难点：职业道德的社会作用及表现形式	2
	1-3 职业守则	职业守则	1）坚持以人民为中心，确保正确舆论导向 2）深入一线调查研究，信息传播客观公正 3）发扬优良传统作风，全面提高综合素质 4）遵循媒体发展规律，不断创新持续改进 5）树立依法运营理念，遵纪守法严格自律 6）大力培养国际视野，积极展示良好形象	（1）方法：讲授法、案例教学法 （2）重点与难点：全媒体运营师职业守则	2
2.全媒体基础知识	2-1 全媒体概述	全媒体概述	1）全媒体的概念 ①全媒体的含义 ②全媒体的特点	（1）方法：讲授法	1

课程包

续表

模块	课程	学习单元	课程内容	培训建议	课堂学时
2. 全媒体基础知识	2-1 全媒体概述	全媒体概述	2) 全媒体发展现状 ①全媒体的发展过程 ②全媒体的应用现状	(2) 重点与难点：全媒体的应用现状	
	2-2 全媒体平台概述	(1) 全媒体平台分类与特点	1) 全媒体平台分类 ①音频类平台 ②视频类平台 ③社交类平台 ④自媒体类平台 ⑤问答类平台 2) 全媒体平台特点 ①音频类平台 ②视频类平台 ③社交类平台 ④自媒体类平台 ⑤问答类平台	(1) 方法：讲授法、演示法 (2) 重点与难点：全媒体平台分类及特点	1
		(2) 全媒体平台基本规则	1) 申请条件与方式 2) 发文规则 3) 审核机制	(1) 方法：讲授法、案例教学法 (2) 重点与难点：全媒体平台基本规则	1
	2-3 全媒体信息表现形式	(1) 全媒体信息类型、含义及特点	1) 文本信息含义及特点 2) 图像信息含义及特点 3) 声音信息含义及特点 4) 视频信息含义及特点 5) 动画信息含义及特点 6) 网页信息含义及特点	(1) 方法：讲授法、演示法 (2) 重点与难点：全媒体信息各种类型的含义和特点	1
		(2) 全媒体信息文件格式	1) 文本文件格式：TXT、DOC、PDF格式 2) 图形图像文件格式：AI、JPG、PSD、PNG格式等 3) 音频文件格式：WAV、MP3格式等 4) 视频文件格式：AVI、MOV、H.264、H.265、MPEG2、MPEG4格式等	(1) 方法：讲授法、案例教学 (2) 重点与难点：全媒体信息文件格式	1

续表

模块	课程	学习单元	课程内容	培训建议	课堂学时
2. 全媒体基础知识	2-3 全媒体信息表现形式	（2）全媒体信息文件格式	5）动画文件格式：GIF、SWF、FLC格式等		
			6）网页文件格式：HTML格式等		
3. 数据分析基础知识	3-1 数据分析概述	（1）数据基础知识	1）数据的概念	（1）方法：讲授法 （2）重点：数据的类型 （3）难点：数据来源类型	1
			2）数据的类型 ①流量数据 ②内容数据 ③受众数据 ④成本/收益数据		
			3）数据来源类型 ①数据文件 ②数据库 ③外部公开数据 ④通过问卷或访谈获得的数据		
		（2）数据分析的意义	1）数据分析辅助运营决策 ①数据分析提高运营决策效率 ②数据分析提高运营决策正确性	（1）方法：讲授法、案例教学法 （2）重点与难点：数据分析辅助运营决策	1
			2）数据分析优化运营执行过程		
	3-2 数据分析的工作流程	（1）数据需求沟通	1）业务需求沟通 ①了解需求产生的背景 ②明确需要解决的问题 ③沟通预期效果	（1）方法：讲授法、案例教学法 （2）重点：业务需求沟通 （3）难点：数据与分析的关联性沟通	1
			2）数据现状沟通 ①了解已有数据情况 ②制定数据采集规则		
			3）数据与分析的关联性沟通 ①了解带有业务背景的数据 ②了解场景对数据的影响		

续表

模块	课程	学习单元	课程内容	培训建议	课堂学时
3. 数据分析基础知识	3-2 数据分析的工作流程	（2）抽样工作方法	1）抽样概述 ①抽样的意义 ②抽样的原理 ③抽样的程序 ④样本规模 ⑤抽样误差 2）概率抽样 ①简单随机抽样 ②系统抽样 ③分层抽样 ④整群抽样 3）非概率抽样 ①偶遇抽样 ②立意抽样 ③配额抽样 ④滚雪球抽样	（1）方法：讲授法 （2）重点：抽样的原理、概率抽样 （3）难点：样本规模、抽样误差	2
		（3）资料收集与处理	1）资料收集的方法 ①自填问卷法 ②结构访谈法 ③系统采集法 2）资料收集工作技巧 ①给予被调查者报酬 ②争取被调查者的信任 ③创造有利于访谈的氛围 3）资料处理的任务 ①原始资料审核 ②将原始资料转化为数据 4）资料处理流程 ①审核与复查 ②编码录入 ③数据清理	（1）方法：讲授法 （2）重点：资料收集的方法	1
		（4）数据分析	1）数据分析理论模型 ①4P营销理论 ②5W2H分析法 ③PEST分析法 ④SWOT分析法 ⑤逻辑树	（1）方法：讲授法 （2）重点：常见数据分析方法	1

续表

模块	课程	学习单元	课程内容	培训建议	课堂学时
3．数据分析基础知识	3-2 数据分析的工作流程	（4）数据分析	2）常见数据分析方法 ①多维分析 ②趋势分析 ③综合评价分析 ④转化分析 ⑤语义分析	（1）方法：讲授法、演示法 （2）重点：常见图表类型	1
		（5）结论输出	1）结论输出的方式 ①数据分析报告 ②Excel 统计结果 ③数据 API 输出 ④数据结果返回数据库 ⑤数据结果集成到应用程序		
			2）常见图表类型 ①环形图 ②矩阵图 ③柱形图 ④线形图 ⑤文字云		
4．信息加工与选题策划基础知	4-1 信息加工的基本概念	（1）信息加工含义及特点	1）信息加工的含义 2）信息加工的特点 ①规范性 ②准确性 ③综合性	（1）方法：讲授法、案例教学法 （2）重点与难点：信息加工的含义	1
		（2）信息加工的处理方法	1）筛选 2）分类 3）粗加工 4）精加工 5）整合加工	（1）方法：讲授法、案例教学法 （2）重点与难点：信息加工的处理方法	1
	4-2 信息加工	（1）文本类信息加工	1）文字编辑软件功能与操作 2）表格编辑软件功能与操作 3）文本编辑方法	（1）方法：讲授法、演示法、实训（练习）法 （2）重点与难点：文本编辑方法	1
		（2）图像类信息加工	1）图像软件功能与操作 2）图形软件功能与操作 3）图像编辑方法	（1）方法：讲授法、演示法、实训（练习）法 （2）重点与难点：图像编辑方法	2

续表

模块	课程	学习单元	课程内容	培训建议	课堂学时
4．信息加工与选题策划基础知识	4-2 信息加工	（3）音频类信息加工	1）音频类编辑软件功能与操作 2）音频格式转换软件功能与操作 3）音频编辑方法	（1）方法：讲授法、演示法、实训（练习）法 （2）重点与难点：音频编辑方法	1
		（4）视频类信息加工	1）视频类编辑软件功能与操作 2）视频格式转换软件功能与操作 3）视频编辑方法	（1）方法：讲授法、演示法、实训（练习）法 （2）重点与难点：视频编辑方法	2
		（5）多媒体信息加工	1）动画软件功能与操作 2）HTML及相关软件功能与操作 3）动画和网页处理方法	（1）方法：讲授法、演示法、实训（练习）法 （2）重点与难点：动画和网页处理方法	2
	4-3 选题策划基础知识	（1）选题策划的概念	1）选题策划的含义 2）选题策划的分类 ①按功能分类 ②按媒介分类 3）选题策划的特点	（1）方法：讲授法 （2）重点与难点：选题策划的分类及特点	1
		（2）选题策划基本原则和方法	1）选题策划基本原则 ①传播主流意识原则 ②服务受众原则 ③适应市场原则 ④创新原则 2）选题策划基本方法 ①确立主题 ②选取恰当形式 ③创新核心内容 ④完善流程规范	（1）方法：讲授法、案例教学法 （2）重点与难点：选题策划的基本方法	1
5．信息载体营销基础知识	5-1 市场营销基础知识	（1）市场营销基本理论	1）市场的概念 2）营销的概念 3）市场与受众的需求 4）媒介平台受众价值挖掘	（1）方法：讲授法 （2）重点与难点：以受众为导向的营销	2

续表

模块	课程	学习单元	课程内容	培训建议	课堂学时
5. 信息载体营销基础知识	5-1 市场营销基础知识	(1) 市场营销基本理论	5) 以受众为导向的营销		
		(2) 市场营销环境基础知识	1) 营销环境的概念 2) 微观的市场环境 3) 宏观的市场环境 4) 营销对市场环境的反应	(1) 方法：讲授法 (2) 重点与难点：营销对市场环境的反应	2
		(3) 消费者特征基础知识	1) 消费者的个性特征 2) 消费者的生活方式	(1) 方法：讲授法 (2) 重点与难点：消费者的个性特征	1
		(4) 消费者行为基础知识	1) 消费者行为概述 2) 消费者感知行为特征 3) 消费者购买行为特征	(1) 方法：讲授法 (2) 重点与难点：消费者购买行为特征	1
	5-2 信息载体营销内容	(1) 信息载体营销概述	1) 信息载体市场营销概述 2) 信息载体市场细分方法 3) 信息载体市场细分程序 4) 信息载体市场细分标准	(1) 方法：讲授法 (2) 重点与难点：信息载体市场细分标准	1
		(2) 信息载体目标市场定位	1) 信息载体目标市场选择 2) 信息载体目标市场定位决策	(1) 方法：讲授法 (2) 重点与难点：信息载体目标市场定位决策	1
		(3) 全媒体信息载体受众	1) 全媒体信息载体受众的概念 2) 全媒体信息载体受众的特征	(1) 方法：讲授法 (2) 重点与难点：全媒体信息载体受众的特征	1
		(4) 全媒体信息载体营销策略	1) 全媒体信息载体营销概念 2) 全媒体信息载体营销基本方法	(1) 方法：讲授法 (2) 重点与难点：全媒体信息载体营销基本方法	1

续表

模块	课程	学习单元	课程内容	培训建议	课堂学时
5. 信息载体营销基础知识	5-3 信息载体营销管理	(1) 信息载体营销战略	1) 信息载体营销战略概述 2) 信息载体营销战略特征与构成	(1) 方法：讲授法 (2) 重点与难点：信息载体营销战略特征与构成	1
		(2) 信息载体渠道管理	1) 信息载体分销渠道概述 2) 信息载体分销渠道特点 3) 信息载体分销渠道开发 4) 信息载体分销渠道控制	(1) 方法：讲授法、案例教学法 (2) 重点与难点：信息载体分销渠道开发	1
		(3) 信息载体广告管理	1) 信息载体广告策略概述 2) 信息载体内嵌广告管理 3) 媒介平台策略广告管理	(1) 方法：讲授法、案例教学法 (2) 重点与难点：媒介平台策略广告管理	1
6. 数据监控基础知识	6-1 数据监控概述	数据监控概述	1) 数据监控目的 ①发现运营数据异动 ②跟踪舆情热点 ③为调整运营策略提供依据 2) 数据监控工作内容 ①实时运营数据跟踪 ②热点识别 ③舆情报警 ④舆情主题跟踪	(1) 方法：讲授法、案例教学法 (2) 重点与难点：数据监控工作内容	1
	6-2 数据监控系统	(1) 运营数据监控系统	1) 运营数据监控的概念 2) 运营数据监控关键指标 ①流量类指标 ②营收类指标 ③活跃类指标	(1) 方法：讲授法 (2) 重点与难点：运营数据监控关键指标	1
		(2) 舆情数据监控系统	1) 舆情监控的概念 2) 舆情监控系统工作原理 ①元素提取 ②信息预处理 ③智能索引 ④信息检索	(1) 方法：讲授法 (2) 重点与难点：舆情监控系统工作原理	1

续表

模块	课程	学习单元	课程内容	培训建议	课堂学时
7.协同运营基础知识	7-1 传播矩阵相关知识	（1）传播矩阵的构建	1）传播矩阵基础知识 ①媒介信息形式的划分 ②全媒体下的媒介平台 2）传播矩阵的构建原则 ①符合数据分析结果的原则 ②符合信息营销目标的原则	（1）方法：讲授法 （2）重点与难点：传播矩阵的构建原则	2
		（2）传播矩阵的运营	1）搭建不同媒介平台账号 2）匹配媒介信息到不同媒介平台	（1）方法：讲授法 （2）重点与难点：匹配媒介信息到不同媒介平台	2
	7-2 全媒体各端口基础知识	全媒体各端口基础知识	1）全媒体各端口概念类型 ①垂直类媒体平台 ②社交类媒体平台 ③搜索引擎 ④自媒体平台 ⑤DSP广告类 2）全媒体各端口应用现状 ①各端口信息的表现形式 ②各端口功能特点	（1）方法：讲授法 （2）重点与难点：各端口功能特点	3
	7-3 传播受众分析相关知识	（1）传播学基础知识	1）传播媒介 2）传播效果 3）传播应用	（1）方法：讲授法、演示法 （2）重点与难点：传播效果	1
		（2）受众分析基础知识	1）受众的类型 ①由传播渠道界定的受众 ②由传播内容界定的受众 2）受众的特点 ①受众的广泛性 ②受众的混杂性 ③受众的隐蔽性 3）受众的选择性行为 ①受众的选择性心理特点 ②受众的价值与权利	（1）方法：讲授法、演示法 （2）重点：受众的特点 （3）难点：受众的选择性行为	4

续表

模块	课程	学习单元	课程内容	培训建议	课堂学时
7.协同运营基础知识	7-4 信息管理基础知识	信息管理系统基础知识	1）信息管理系统概念 2）信息管理系统组成部分 3）信息管理系统的基础操作应用 ①数据信息分析基础操作 ②数据库的管理及应用	（1）方法：讲授法、演示法 （2）重点与难点：数据库的管理及应用	2
8.安全操作基础知识	8-1 计算机安全操作知识	计算机安全操作知识	1）计算机病毒预防概述 2）计算机安全操作规范	（1）方法：讲授法、演示法 （2）重点与难点：计算机安全操作规范	1
	8-2 媒体平台安全管理技术	媒体平台安全管理技术	1）身份认证技术 2）数据加密技术	（1）方法：讲授法、演示法 （2）重点与难点：数据加密技术	1
9.相关法律、法规知识	相关法律、法规知识	相关法律、法规知识	1）《中华人民共和国宪法》相关知识 2）《中华人民共和国民法典》相关知识 3）《中华人民共和国网络安全法》相关知识 4）《中华人民共和国电子商务法》相关知识 5）《中华人民共和国密码法》相关知识 6）《中华人民共和国著作权法》相关知识 7）《中华人民共和国广告法》相关知识 8）《中华人民共和国国家通用语言文字法》相关知识 9）《网络信息内容生态治理规定》相关知识	（1）方法：讲授法、案例教学法 （2）重点与难点：《中华人民共和国网络安全法》《网络信息内容生态治理规定》相关知识	2
课堂学时合计					64

2.2.2 三级/高级职业技能培训课程规范

模块	课程	学习单元	课程内容	培训建议	课堂学时
1. 数据分析	1-1 获取数据	(1) 媒体流量数据获取	1) 媒体流量数据概述 ①流量数据的定义 ②流量数据来源 ③流量数据指标 2) 媒体流量数据获取方法 ①微信流量数据获取方法 ②微博流量数据获取方法 ③Web流量数据获取方法 ④App流量数据获取方法 ⑤利用外部工具获取媒体流量数据	(1) 方法：讲授法、演示法、实训（练习）法 (2) 重点与难点：微信、微博流量数据获取方法	1
		(2) 媒体内容数据获取	1) 媒体内容数据概述 ①媒体内容数据的定义 ②媒体内容数据指标 2) 媒体内容数据获取方法 ①内容质量数据获取方法 ②SEO类数据获取方法 ③内容流量数据获取方法 ④内容互动数据获取方法	(1) 方法：讲授法、演示法、实训（练习）法 (2) 重点与难点：媒体内容数据获取方法	1
		(3) 受众行为数据获取	1) 受众行为数据概述 ①受众行为数据的定义 ②受众行为数据指标 2) 受众行为数据获取方法 ①用户留存数据获取方法 ②用户消费数据获取方法 ③用户活跃度数据获取方法	(1) 方法：讲授法、演示法、实训（练习）法 (2) 重点与难点：用户留存数据获取方法	1
		(4) 受众态度数据获取	1) 受众态度数据概述 ①受众态度数据的定义 ②受众态度数据指标 2) 受众态度数据获取方法 ①问卷调查法 ②访谈法 ③评论区数据获取	(1) 方法：讲授法、演示法、实训（练习）法 (2) 重点与难点：问卷调查法	2

续表

模块	课程	学习单元	课程内容	培训建议	课堂学时
1. 数据分析	1-2 整理数据	（1）数据录入方法	1）原始资料编码 ①确定答案代码 ②确定问题栏码 ③编写编码手册 2）数据录入方法 ①直接录入法 ②转录法	（1）方法：讲授法、演示法、实训（练习）法 （2）重点与难点：编写编码手册	1
		（2）数据清洗方法	1）数据清洗概述 ①数据清洗的定义 ②需要清洗的数据类型 2）缺失值处理方法 ①丢弃法 ②补全法 ③真值转换法 3）异常值处理方法 ①保留伪异常值 ②丢弃真异常值 4）重复值处理方法 ①去重法 ②重复值的利用	（1）方法：讲授法、演示法、实训（练习）法 （2）重点与难点：缺失值处理方法、异常值处理方法	1
		（3）数据可视化处理	1）编制不同应用场景中的数据可视化方案 ①编制对比分析中的数据可视化方案 ②编制成分分析中的数据可视化方案 ③编制趋势分析中的数据可视化方案 ④编制转化率分析中的数据可视化方案 ⑤编制词频分析中的数据可视化方案 2）数据图表的制作方法 ①利用 EXCEL 制作图表 ②利用 WORDART 制作文字云图	（1）方法：讲授法、演示法、实训（练习）法 （2）重点：数据可视化处理	2
2. 信息内容加工	2-1 图文内容策划与加工	（1）图文选题策划	1）确立图文选题	（1）方法：讲授法、案例教学法	1

续表

模块	课程	学习单元	课程内容	培训建议	课堂学时
2. 信息内容加工	2-1 图文内容策划与加工	（1）图文选题策划	2）文本标题策划 ①信息热度筛选 ②受众需求筛选 ③主旨明确	（2）重点与难点：确立图文选题、文本标题策划	
		（2）图文内容策划	1）图文内容策划流程 2）图文内容筛选 ①热点图文信息筛选 ②受众偏好图文信息筛选 ③阶段性图文信息筛选 ④历史文献类图文信息筛选 3）图文内容的合法合规检查	（1）方法：讲授法、演示法 （2）重点与难点：图文内容筛选	1
		（3）图文版面策划	1）图文混合版面组合 ①图片与文字的距离 ②图片与文字的布局 ③图片与文字的统一 ④图片中文字的处理 2）表格文本组合 ①表格与文字的布局 ②表格与文字的统一 ③表格中文字的处理	（1）方法：讲授法、案例教学法 （2）重点与难点：图文混合版面组合	2
		（4）文本内容加工	1）文本内容录入 2）文本格式设置 3）文本版面设置	（1）方法：讲授法、演示法、实训（练习）法 （2）重点与难点：文本版面设置	1
		（5）图表内容加工	1）图表编辑 2）图表生成 3）图表修饰	（1）方法：讲授法、演示法、实训（练习）法 （2）重点与难点：图表修饰	2
		（6）图片内容加工	1）图片剪裁 2）图片修饰 3）图片润色	（1）方法：讲授法、演示法、实训（练习）法 （2）重点与难点：图片润色	3
		（7）图文混合内容加工	1）图文编辑	（1）方法：讲授法、演示法、实训（练习）法	2

续表

模块	课程	学习单元	课程内容	培训建议	课堂学时
2. 信息内容加工	2-1 图文内容策划与加工	（7）图文混合内容加工	2）图文匹配 3）图文混排	（2）重点与难点：图文混排	
	2-2 音视频、动画信息策划与加工	（1）音频信息策划	1）音频脚本的编写 2）音频素材的选择 ①音频素材类型 ②音频素材格式 3）音频素材的应用 ①热点音频素材 ②合规音频素材	（1）方法：讲授法、演示法 （2）重点：音频素材的选择 （3）难点：音频脚本的编写	2
		（2）视频、动画信息策划	1）视频、动画脚本的编写 2）视频、动画素材的选择 ①视频、动画素材类型 ②视频、动画素材格式 3）视频、动画素材的应用 ①热点视频、动画素材 ②合规视频、动画素材	（1）方法：讲授法、演示法 （2）重点：视频、动画素材的选择 （3）难点：视频、动画脚本的编写	2
		（3）音频信息加工	1）音频剪辑 2）音频降噪、去杂等音质处理 3）音频混响、均衡等音效修饰 4）音频格式标准输出	（1）方法：讲授法、演示法、实训（练习）法 （2）重点：音频剪辑 （3）难点：音频混响、均衡等音效修饰	4
		（4）视频、动画信息加工	1）视频、动画剪辑 2）音画匹配 3）字幕修饰 4）视频、动画效果处理 5）视频、动画格式标准输出	（1）方法：讲授法、演示法、实训（练习）法 （2）重点：视频、动画剪辑 （3）难点：视频、动画效果处理	6
3. 信息载体营销	3-1 信息载体站内推送与站外分发	（1）信息载体站内推送准备	信息载体发布与推送流程概述	（1）方法：讲授法、演示法 （2）重点与难点：信息载体发布与推送流程	1

续表

模块	课程	学习单元	课程内容	培训建议	课堂学时
3. 信息载体营销	3-1 信息载体站内推送与站外分发	（2）信息载体推送选题	1）站内图文信息加工的报题选择 ①调取站内图文受众流量数据 ②站内图文信息加工需求表单填写规范 2）站内音视频、动画信息加工的报题选择 ①调取站内音视频、动画受众流量数据 ②站内音视频、动画信息加工需求表单填写规范	（1）方法：讲授法、演示法 （2）重点与难点：调取站内图文受众流量数据	1
		（3）信息载体分类	信息载体分类方法 ①新闻资讯类信息载体划分 ②生活娱乐类信息载体划分 ③教育科技类信息载体划分	（1）方法：讲授法、演示法 （2）重点：信息载体分类方法 （3）难点：根据数据进行信息载体分类	1
		（4）信息载体标注	信息载体属性标注方法 ①依据地域属性对信息载体进行标注 ②依据分类属性对信息载体进行标注 ③依据受众偏好对信息载体进行标注	（1）方法：讲授法、演示法 （2）重点：信息载体属性标注方法 （3）难点：依据受众偏好对信息载体进行标注	1
		（5）提出站内信息推送计划	1）提出一般信息推送计划 ①选题与加工报题 ②历史信息二次及以上选题与加工报题 ③一般信息推送计划表单填写规范 2）提出实时热点信息推送计划 ①调取站内实时热点信息流量统计数据 ②提出热点信息加工需求 ③热点信息推送计划表单填写规范	（1）方法：讲授法、演示法 （2）重点：提出一般信息推送计划 （3）难点：历史信息二次及以上选题与加工报题	2

续表

模块	课程	学习单元	课程内容	培训建议	课堂学时
3．信息载体营销	3-1 信息载体站内推送与站外分发	（6）阶段性分析数据提取	1）提出图文信息推送效果分析需求 ①阶段性受众流量分析数据需求 ②阶段性信息内容流量分析数据需求 ③阶段性图文信息推送分析数据需求表单填写 2）提出音视频、动画信息推送效果分析需求 ①阶段性受众流量分析数据需求 ②阶段性信息内容流量分析数据需求 ③阶段性音视频、动画信息推送分析数据需求表单填写	（1）方法：讲授法、演示法 （2）重点与难点：提出阶段性受众流量分析数据需求	1
		（7）整理与提交阶段性信息推送效果数据	1）图文信息受众完成率数据整理 2）音视频、动画信息受众完成率数据整理 3）阶段性信息推送效果数据汇总规范	（1）方法：讲授法、演示法 （2）重点与难点：阶段性信息推送效果数据汇总	1
		（8）提出站外受众流量数据提取需求	1）图文信息流量数据需求 2）音视频、动画信息流量数据需求 3）站外受众流量数据需求表单的填写	（1）方法：讲授法、演示法、实训（练习）法 （2）重点与难点：音视频、动画信息流量数据需求	1
		（9）站外受众偏好属性数据收集与标注	1）站外受众数据整理 ①传播矩阵账号浏览受众数据整理 ②站外分发信息浏览受众数据整理 2）站外受众偏好方向划分与标注规范 ①传播矩阵账号图文信息方向受众标注 ②传播矩阵账号音视频、动画信息方向受众标注	（1）方法：讲授法、演示法、实训（练习）法 （2）重点与难点：传播矩阵账号音视频、动画信息方向受众标注	1

续表

模块	课程	学习单元	课程内容	培训建议	课堂学时
3. 信息载体营销	3-1 信息载体站内推送与站外分发	（10）站外信息载体分发准备与选题报题	1）站外图文信息加工的报题选择 ①调取站外图文信息流量数据 ②站外图文信息加工报题表单填写规范 2）站外音视频、动画信息加工的报题选择 ①调取站外音视频、动画信息流量数据 ②站外音视频、动画信息加工报题表单填写规范	（1）方法：讲授法、演示法 （2）重点与难点：站外音视频、动画信息加工报题表单填写	4
		（11）提取站外实时热点信息监控数据	1）提出站外媒体平台实时热点信息浏览监控数据调取需求 2）实时热点信息调取表单填写规范	（1）方法：讲授法、演示法 （2）重点与难点：实时热点信息调取表单填写	1
		（12）制订站外热点信息载体分发计划	1）目标媒体平台信息分发流程 2）目标媒体平台信息分发计划表单填写规范	（1）方法：讲授法、演示法 （2）重点与难点：目标媒体平台信息分发计划表单填写	1
		（13）站外分发信息跟踪数据整理	1）站外图文信息跟踪数据提取需求 ①受众跟踪数据提取 ②信息跟踪数据提取 ③提取需求表单填写规范 2）站外音视频、动画信息跟踪数据提取需求 ①受众跟踪数据提取 ②信息跟踪数据提取 ③提取需求表单填写规范	（1）方法：讲授法、演示法 （2）重点与难点：站外音视频、动画信息跟踪数据提取需求表单填写	1
	3-2 信息载体多渠道传播矩阵营销	（1）多平台矩阵账号受众数据提取	1）图文信息流量数据提取需求 2）音视频、动画信息流量数据提取需求 3）矩阵账号数据提取需求表单填写规范	（1）方法：讲授法、演示法 （2）重点与难点：矩阵账号数据提取需求表单填写	1

续表

模块	课程	学习单元	课程内容	培训建议	课堂学时
3.信息载体营销	3-2 信息载体多渠道传播矩阵营销	(2) 多平台矩阵账号受众偏好标注	1) 图文内容方向数据标注 2) 音视频、动画内容方向数据标注 3) 矩阵账号数据标注	(1) 方法：讲授法、演示法 (2) 重点与难点：矩阵账号图文内容方向数据标注	1
		(3) 目标平台矩阵账号信息推送加工选题报题	1) 图文信息加工的选题报题 ①图文信息浏览跟踪数据提取 ②图文信息加工需求表单填写规范 2) 音视频、动画信息加工的选题报题 ①音视频、动画信息浏览跟踪数据提取 ②音视频、动画信息加工需求表单填写规范 3) 多平台矩阵账号信息推送选题规范 ①多平台信息载体推送流程 ②不同媒体平台信息载体接收标准	(1) 方法：讲授法、演示法 (2) 重点与难点：多平台矩阵账号信息推送选题规范	2
		(4) 多平台矩阵账号一般信息推送计划	1) 调取矩阵账号一般信息流量数据 2) 提出矩阵账号一般信息加工需求 3) 矩阵账号一般信息推送计划表单填写规范	(1) 方法：讲授法、演示法 (2) 重点与难点：提出矩阵账号一般信息加工需求	1
		(5) 多平台矩阵账号热点信息推送计划	1) 调取矩阵账号实时热点信息流量数据 2) 提出矩阵账号热点信息加工需求 3) 矩阵账号热点信息推送计划表单填写规范	(1) 方法：讲授法、演示法 (2) 重点与难点：提出矩阵账号热点信息加工需求	1

续表

模块	课程	学习单元	课程内容	培训建议	课堂学时
3.信息载体营销	3-2 信息载体多渠道传播矩阵营销	(6) 多平台矩阵账号推送信息跟踪数据整理	1) 提取图文信息推送效果的监控数据 ①受众点击浏览跟踪数据提取 ②信息内容跟踪数据提取 ③矩阵账号图文信息推送效果跟踪数据提取表单填写规范 2) 提取音视频、动画信息推送效果的监控数据 ①受众分析数据需求 ②内容分析数据需求	(1) 方法：讲授法、演示法 (2) 重点与难点：信息内容跟踪数据提取	4
		(7) 外链平台渠道信息收集	1) 资讯类媒体渠道信息收集 2) 生活娱乐类媒体渠道信息收集 3) 教育科技类媒体渠道信息收集	(1) 方法：讲授法、演示法、实训（练习）法 (2) 重点与难点：不同媒体渠道信息的收集	2
		(8) 外链平台渠道接收信息数据标准	1) 不同媒体平台图文信息接收标准与流程记录 2) 不同媒体平台音视频、动画信息接收标准与流程记录	(1) 方法：讲授法、演示法、实训（练习）法 (2) 重点：外链平台渠道接收信息的标准与流程 (3) 难点：不同媒体平台音视频、动画信息接收标准与流程记录	2
		(9) 多次分发信息载体的外链渠道准备	1) 目标媒体平台频道资源信息调取 2) 目标媒体平台栏目资源信息调取	(1) 方法：讲授法、演示法 (2) 重点与难点：目标媒体平台栏目资源信息调取	1
		(10) 外链渠道多次分发信息载体准备	1) 目标媒体平台渠道受众数据调取 ①目标媒体平台频道受众资源数据调取 ②目标媒体平台栏目受众资源数据调取	(1) 方法：讲授法、演示法 (2) 重点与难点：目标媒体平台栏目受众资源数据调取	1

续表

模块	课程	学习单元	课程内容	培训建议	课堂学时
3．信息载体营销	3-2 信息载体多渠道传播矩阵营销	（10）外链渠道多次分发信息载体准备	2）多次分发信息载体准备 ①图文信息载体准备 ②音视频、动画信息载体准备		
		（11）信息载体多次分发	信息载体多次分发依据 ①整合外链媒体平台提出的发布需求 ②信息载体点击浏览统计数据	（1）方法：讲授法、演示法 （2）重点与难点：整合外链媒体平台提出的发布需求	1
		（12）信息载体多次分发效果跟踪	外链渠道信息多次分发效果跟踪数据整理 ①受众评估数据整理 ②内容点击评估数据整理	（1）方法：讲授法、演示法 （2）重点与难点：内容点击评估数据整理	1
	3-3 信息增值营销	（1）站内广告植入信息分类推送	1）站内频道与栏目广告资源调取 ①站内广告植入信息投放计划表单填写 ②站内广告植入信息投放执行表单填写 2）站内广告植入信息推送 ①按照站内广告植入信息投放计划表单推送 ②按照站内广告投放资源推送	（1）方法：讲授法、演示法 （2）重点：站内广告植入信息分类推送 （3）难点：按照站内广告投放资源推送	2
		（2）广告植入信息与站内受众匹配	1）站内受众偏好数据调取 ①站内受众广告点击率数据调取 ②站内受众广告观看完成率数据调取 ③受众数据调取规范 2）依据站内受众偏好数据提出广告投放需求 ①提出图文广告投放需求 ②提出音视频、动画广告投放需求	（1）方法：讲授法、演示法 （2）重点与难点：依据站内受众偏好数据提出广告投放需求	2

续表

模块	课程	学习单元	课程内容	培训建议	课堂学时
3.信息载体营销	3-3 信息增值营销	(3)目标媒体平台广告投放	1)目标媒体平台广告投放资源数据调取 ①目标媒体平台频道资源数据调取 ②目标媒体平台栏目资源数据调取 ③目标媒体平台广告资源数据调取表单填写规范 2)依据资源数据进行目标媒体平台广告投放 ①目标媒体平台广告投放申请流程 ②目标媒体平台广告投放标准	(1)方法：讲授法、演示法 (2)重点：依据资源数据进行目标媒体平台广告投放 (3)难点：目标媒体平台广告投放标准	4
		(4)站外广告投放数据收集	1)提出站外广告投放信息数据需求 ①受众点击率数据需求 ②观看完成率数据需求 2)提出站外广告投放满意度数据需求 ①受众反馈数据需求 ②广告商品销售数据需求	(1)方法：讲授法、演示法 (2)重点与难点：提出统计观看完成率数据、广告商品销售数据需求	4
4.数据监控	4-1 数据监控系统设置	(1)全网监控对象设置	1)全网监控对象的范围 ①新闻网站 ②论坛 ③社区 ④微博 ⑤博客 ⑥微信公众号 ⑦境外中文网站 2)全网监控对象设置方法 ①地域关键词设置 ②人物关键词设置 ③事件关键词设置 ④关键词排除	(1)方法：讲授法、演示法、实训（练习）法 (2)重点与难点：全网监控对象设置方法	1
		(2)定向监控对象设置	1)定向监控范围 ①特定行业 ②特定信息源	(1)方法：讲授法、演示法、实训（练习）法	1

续表

模块	课程	学习单元	课程内容	培训建议	课堂学时
4. 数据监控	4-1 数据监控系统设置	(2) 定向监控对象设置	2) 定向监控设置方法 ①设置的原则 ②设置的操作流程	(2) 重点与难点：定向监控设置方法	
		(3) 基础监控参数设置	1) 基础监控参数类别 ①信息列表 ②噪声过滤 2) 信息列表设置方法 3) 噪声过滤设置方法	(1) 方法：讲授法、演示法、实训（练习）法 (2) 重点与难点：信息列表设置方法	1
		(4) 预警参数设置	1) 预警参数类别 ①预警条件 ②预警方式 ③预警时间 2) 预警条件设置方法 3) 预警方式设置方法 4) 预警时间设置方法	(1) 方法：讲授法、演示法、实训（练习）法 (2) 重点与难点：预警条件设置方法	2
	4-2 实时数据监控	(1) 报告数据异动	1) 常见数据异动类型 ①业务数据异动 ②竞品数据异动 ③舆情数据异动 2) 报告数据异动的流程 ①查看监测数据 ②判断数据异动类型 ③向相关部门发送预警信息	(1) 方法：讲授法、演示法、实训（练习）法 (2) 重点与难点：判断数据异动类型	1
		(2) 生成实时监控报告	1) 设置监控数据报告模板的参数 ①根据成本、任务设置参数个数 ②根据产品确定参数 2) 自定义监控报告模板的方法 ①自定义监控报告的维度 ②生成自定义监控报告模板	(1) 方法：讲授法、演示法、实训（练习）法 (2) 重点与难点：自定义监控报告的维度、汇总监控报告素材	2

模块	课程	学习单元	课程内容	培训建议	课堂学时
4. 数据监控	4-2 实时数据监控	（2）生成实时监控报告	3）生成实时监控报告的方法 ①汇总监控报告素材 ②填写监控报告基本信息 ③查看、检索、下载及分享监控报告		
课堂学时合计					90

2.2.3 二级/技师职业技能培训课程规范

模块	课程	学习单元	课程内容	培训建议	课堂学时
1. 数据分析	1-1 分析媒体和受众数据	（1）制订数据获取方案	1）数据分析指标体系具体内容 ①流量类指标 ②内容类指标 ③受众类指标 2）制订数据获取方案的流程 ①定义数据分析目标 ②确定数据分析指标 ③确定数据获取方法	（1）方法：讲授法、案例教学法 （2）重点与难点：数据分析指标体系具体内容	2
		（2）流量数据分析	1）流量数据分析方法 ①流量来源分析 ②虚假流量分析 ③跳出率分析 ④流量波动常见原因分析 2）流量数据分析工具 ① Adobe Analytics ② Webtrekk Suite ③ Webtrends ④ Google Analytics ⑤百度统计	（1）方法：讲授法、案例教学法 （2）重点与难点：流量数据分析方法	4
		（3）内容数据分析	1）内容数据分析模型 ①情感分析模型 ②搜索优化模型 ③文章关键字模型 ④主题模型 ⑤垃圾信息检测模型	（1）方法：讲授法、案例教学法 （2）重点与难点：内容数据分析方法	4

续表

模块	课程	学习单元	课程内容	培训建议	课堂学时
1. 数据分析	1-1 分析媒体和受众数据	（3）内容数据分析	2）内容数据分析方法 ①内容展示数据分析 ②内容转化数据分析 ③内容黏性数据分析 ④内容的扩散与分享数据分析		
		（4）受众数据分析	1）受众数据分析模型 ①受众细分模型 ②受众活跃度模型 ③受众价值度模型 ④受众流失预测模型 ⑤受众特征模型	（1）方法：讲授法、案例教学法 （2）重点与难点：受众数据分析方法	2
			2）受众数据分析方法 ①受众留存分析 ②受众生命周期分析 ③受众黏度分析 ④受众偏好分析 ⑤受众态度分析		
	1-2 评估媒体运营匹配的精准性	（1）媒体运营匹配精准性评价	1）媒体运营匹配精准性评价标准	（1）方法：讲授法、实训（练习）法 （2）重点与难点：媒体运营匹配精准性评估方法	1
			2）媒体运营匹配精准性评估方法 ①流失率 ②传播率 ③转化率 ④好评率		
		（2）媒体运营匹配精准性评估报告撰写方法	1）媒体运营匹配精准性评估报告内容 ①评估目标 ②评估指标 ③结果与分析 ④指导建议	（1）方法：讲授法、实训（练习）法 （2）重点与难点：媒体运营匹配精准性评估报告内容	1
			2）媒体运营匹配精准性评估报告撰写步骤 ①建立评价指标体系 ②调取评估数据 ③选择数据展示方式		

续表

模块	课程	学习单元	课程内容	培训建议	课堂学时
1. 数据分析	1-3 评估信息传播匹配的精准性	（1）信息传播匹配精准性评价	1）信息传播匹配精准性评估标准	（1）方法：讲授法、实训（练习）法 （2）重点与难点：信息传播匹配精准性评估标准	1
			2）信息传播匹配精准性评估指标 ①SEO流量 ②SEM流量 ③PV、UV ④转发量与层级 ⑤关键用户画像 ⑥用户态度		
		（2）信息传播匹配精准性评估报告撰写方法	1）信息传播匹配精准性评估报告内容	（1）方法：讲授法、实训（练习）法 （2）重点与难点：撰写信息传播匹配精准性评估报告的步骤	1
			2）撰写信息传播匹配精准性评估报告的步骤 ①建立评价指标体系 ②调取评估数据 ③选择数据展示方式		
2. 信息内容加工	2-1 信息内容筛选与加工策划	（1）图文信息内容筛选方案编写	1）确定图文信息内容筛选方向和类型 ①流量类 ②内容类 ③受众类	（1）方法：讲授法、演示法、案例教学法 （2）重点：图文信息内容筛选相关要素分析 （3）难点：确定图文信息内容筛选方向	1
			2）图文信息内容筛选相关要素分析 ①信息内容主题 ②信息内容关键字 ③信息内容的受众偏好和态度		
		（2）音频信息内容筛选方案编写	1）确定音频信息内容筛选方向和类型 ①流量类 ②内容类 ③受众类	（1）方法：讲授法、演示法、案例教学法 （2）重点：音频信息内容筛选相关要素分析	1

续表

模块	课程	学习单元	课程内容	培训建议	课堂学时
2. 信息内容加工	2-1 信息内容筛选与加工策划	（2）音频信息内容筛选方案编写	2）音频信息内容筛选相关要素分析 ①信息内容主题 ②信息内容关键字 ③信息内容的受众偏好和态度	（3）难点：确定音频信息内容筛选方向	
		（3）视频信息内容筛选方案编写	1）确定视频信息内容筛选方向和类型 ①流量类 ②内容类 ③受众类	（1）方法：讲授法、演示法、案例教学法 （2）重点：视频信息内容筛选相关要素分析 （3）难点：确定视频信息内容筛选方向	1
			2）视频信息内容筛选相关要素分析 ①信息内容主题 ②信息内容关键字 ③信息内容的受众偏好和态度		
		（4）动画信息内容筛选方案编写	1）确定动画信息内容筛选方向和类型 ①流量类 ②内容类 ③受众类	（1）方法：讲授法、演示法、案例教学法 （2）重点：动画信息内容筛选相关要素分析 （3）难点：确定动画信息内容筛选方向	1
			2）动画信息内容筛选相关要素分析 ①信息内容主题 ②信息内容关键字 ③信息内容的受众偏好和态度		
		（5）图文信息内容加工策划方案撰写	1）确立图文信息内容加工主题	（1）方法：讲授法、演示法、案例教学法 （2）重点：确立图文信息内容加工主题、构建图文信息内容框架版式	1
			2）拟定标题		
			3）设置图文信息内容导读栏目		
			4）构建图文信息内容框架版式 ①图片与文字的布局 ②图片与文字的统一		

续表

模块	课程	学习单元	课程内容	培训建议	课堂学时
2. 信息内容加工	2-1 信息内容筛选与加工策划	（5）图文信息内容加工策划方案撰写	5）图文信息内容加工要求 ①版面结构 ②版面数量 ③图文及网页格式	（3）难点：确立图文信息内容加工主题、设置图文信息内容导读栏目	
		（6）音频信息内容加工策划方案撰写	1）确立音频信息内容加工主题 2）拟定标题 3）构建音频信息内容框架 ①蒙太奇结构形式 ②片段数量 4）音频信息内容加工要求 ①时长 ②采样率 ③音频格式	（1）方法：讲授法、演示法、案例教学法 （2）重点与难点：确立音频信息内容加工主题、构建音频信息内容框架	1
		（7）视频信息内容加工策划方案撰写	1）确立视频信息内容加工主题 2）拟定标题 3）构建视频信息内容框架 ①蒙太奇结构形式 ②片段数量 ③场景内容 4）视频信息内容加工要求 ①时长 ②视频标准 ③视频格式	（1）方法：讲授法、演示法、案例教学法 （2）重点与难点：确立视频信息内容加工主题、构建视频信息内容框架	1
		（8）动画信息内容加工策划方案撰写	1）确立动画信息内容加工主题 2）拟定标题 3）构建动画信息内容框架 ①动画类型 ②场景内容	（1）方法：讲授法、演示法、案例教学法 （2）重点与难点：确立动画信息内容加工主题、构建动画信息内容框架	1

续表

模块	课程	学习单元	课程内容	培训建议	课堂学时
2. 信息内容加工	2-1 信息内容筛选与加工策划	（8）动画信息内容加工策划方案撰写	4）动画信息内容加工要求 ①时长 ②动画格式		
	2-2 信息内容整合加工	（1）图文信息内容整合加工	1）图文信息筛选	（1）方法：讲授法、演示法、实训（练习）法 （2）重点：图文信息筛选、分类与编辑 （3）难点：图文信息编辑	2
			2）图文信息分类 ①资讯类 ②生活娱乐类 ③教育类		
			3）图文信息编辑 ①建立网页结构 ②设计网页的尺寸、配色、字体、命名 ③为网页添加列表与超链接		
		（2）音频信息内容整合加工	1）音频信息筛选	（1）方法：讲授法、演示法、实训（练习）法 （2）重点：音频信息筛选、分类与编辑 （3）难点：音频信息编辑	2
			2）音频信息分类 ①资讯类 ②生活娱乐类 ③教育类		
			3）音频信息编辑 ①音频信息润色 ②音频信息剪辑 ③音频信息合成		
		（3）视频信息内容整合加工	1）视频信息筛选	（1）方法：讲授法、演示法、实训（练习）法 （2）重点：视频信息筛选、分类与编辑 （3）难点：视频信息编辑	2
			2）视频信息分类 ①资讯类 ②生活娱乐类 ③教育类		
			3）视频信息编辑 ①视频信息修饰 ②视频信息剪辑 ③视频信息合成		

续表

模块	课程	学习单元	课程内容	培训建议	课堂学时
2. 信息内容加工	2-2 信息内容整合加工	（4）动画信息内容整合加工	1）动画信息筛选 2）动画信息分类 ①资讯类 ②生活娱乐类 ③教育类 3）动画信息编辑 ①三维动画信息编辑 ②网页动画信息编辑 ③合成动画信息编辑	（1）方法：讲授法、演示法、实训（练习）法 （2）重点：动画信息筛选、分类与编辑 （3）难点：动画信息编辑	3
	2-3 信息资源编目与存储	（1）信息资源编目	1）信息资源分类与编目概述 2）信息资源分类切分 ①文本、图表信息文件的段落切分 ②图文信息文件的版块切分 ③音频信息文件的段落切分 ④视频信息文件的片段、场景和镜头切分 ⑤动画信息文件的片段和场景切分 3）信息资源的著录标引 ①文本、图表信息文件的标题、段落与图表的著录标引 ②图文信息文件的标题、版块、图文的著录标引 ③音频信息文件的标题和段落的著录标引 ④视频信息文件的标题、片段、场景和镜头的著录标引 ⑤动画信息文件的标题、片段和场景的著录标引	（1）方法：讲授法、演示法、实训（练习）法 （2）重点：信息资源的著录标引 （3）难点：视频和动画信息的著录标引	7

续表

模块	课程	学习单元	课程内容	培训建议	课堂学时
2. 信息内容加工	2-3 信息资源编目与存储	（1）信息资源编目	4）信息资源的编目审核 ①文本、图表信息的编目审核 ②图文信息的编目审核 ③音频信息的编目审核 ④视频信息的编目审核 ⑤动画信息的编目审核	（1）方法：讲授法、演示法、实训（练习）法 （2）重点与难点：信息资源存储	2
		（2）信息资源存储	1）文本、图表信息存储 ① TXT、PDF 文件格式 ②本地存储 ③云存储		
			2）图文信息存储 ① HTML 文件格式 ②本地存储 ③云存储		
			3）音频信息存储 ① WAV、MP3 文件格式 ②本地存储 ③云存储		
			4）视频信息存储 ① MPEG2、MPEG4 文件格式 ②本地存储 ③云存储		
			5）动画信息存储 ① GIF 文件格式 ②本地存储 ③云存储		
3. 信息载体营销	3-1 站内与站外精准营销	（1）站内受众流量数据调取	1）提取资讯类信息的受众流量数据	（1）方法：讲授法、演示法 （2）重点与难点：分类提取站内受众流量数据	1
			2）提取生活娱乐类信息的受众流量数据		
			3）提取教育类信息的受众流量数据		
		（2）站内受众属性划分与标注	1）资讯类受众属性划分与标注	（1）方法：讲授法、演示法 （2）重点与难点：不同类型的受众属性划分	1
			2）生活娱乐类受众属性划分与标注		
			3）教育类受众属性划分与标注		

续表

模块	课程	学习单元	课程内容	培训建议	课堂学时
3. 信息载体营销	3-1 站内与站外精准营销	（3）信息载体地域属性划分与标注	1）只适合某地区单独推送的信息载体属性划分与标注	（1）方法：讲授法、演示法 （2）重点：根据信息载体地域特征进行划分 （3）难点：适合多地区推送的信息载体属性划分	1
			2）适合多地区推送的信息载体属性划分与标注		
		（4）信息载体内容类别属性划分与标注	1）资讯类信息载体属性划分与标注	（1）方法：讲授法、演示法 （2）重点：根据信息载体内容类别进行划分 （3）难点：及时有效划分与标注	1
			2）生活娱乐类信息载体属性划分与标注		
			3）教育类信息载体属性划分与标注		
		（5）提出站内信息载体推送的加工需求	1）依据站内地区属性信息载体推送需求填写各类信息加工制作工单	（1）方法：讲授法、演示法 （2）重点：站内地区属性信息载体推送需求的把控 （3）难点：依据站内信息填写各类信息加工制作工单	1
			2）依据站内内容属性信息载体推送需求填写各类信息加工制作工单		
		（6）制定站内信息载体精准推送方案	1）站内信息实时流量数据提取与分析	（1）方法：讲授法、演示法 （2）重点与难点：制订站内信息载体精准推送方案	2
			2）依据站内信息实时流量数据分析结果制订信息载体站内上传与更新计划		
			3）依据站内信息热度与受众需求制订信息载体推送方案		
		（7）阶段性站内信息载体推送效果数据分析	1）提取、分析站内阶段性图文信息载体推送效果数据 ①提出阶段性站内受众数据分析目标表单需求 ②提出阶段性站内图文信息数据分析目标表单需求 ③分析阶段性图文信息推送效果数据	（1）方法：讲授法、演示法 （2）重点与难点：分析阶段性信息载体站内推送效果数据	2

续表

模块	课程	学习单元	课程内容	培训建议	课堂学时
3．信息载体营销	3-1 站内与站外精准营销	（7）阶段性站内信息载体推送效果数据分析	2) 提取、分析站内阶段性音视频、动画信息载体推送效果数据 ①提出阶段性站内受众数据分析目标表单需求 ②提出阶段性站内音视频、动画信息数据分析目标表单需求 ③分析阶段性音视频、动画信息推送效果数据		
		（8）编写站内信息载体精准推送效果反馈报告	1) 阶段性图文信息载体推送效果评估 2) 阶段性音视频、动画信息载体推送效果评估 3) 提出信息推送修改建议	（1）方法：讲授法、演示法 （2）重点与难点：对于音视频、动画信息站内推送效果的评估	1
		（9）站外受众流量数据提取	从监控数据分析报告提取站外受众流量数据 ①提取图文信息受众流量数据 ②提取音视频、动画信息受众流量数据	（1）方法：讲授法、演示法、实训（练习）法 （2）重点与难点：从监控数据分析报告提取站外受众流量数据	1
		（10）站外受众属性标注	根据监控数据分析报告对站外受众进行标注 ①相似内容图文信息偏好方向受众标注 ②相似内容音视频、动画信息偏好方向受众标注	（1）方法：讲授法、演示法、实训（练习）法 （2）重点：根据监控数据分析报告对站外受众进行标注 （3）难点：相似内容音视频、动画信息偏好方向受众标注	1
		（11）提取站外信息载体浏览热度数据	1) 从监控数据分析报告提取不同地区信息载体浏览热度数据 ①图文信息浏览热度数据 ②音视频、动画信息浏览热度数据	（1）方法：讲授法、演示法、实训（练习）法 （2）重点：依据分析数据编写信息载体站外分发计划	2

续表

模块	课程	学习单元	课程内容	培训建议	课堂学时
3. 信息载体营销	3-1 站内与站外精准营销	（11）提取站外信息载体浏览热度数据	2）依据地区信息浏览热度与受众需求分析数据编写信息载体站外分发计划 ①编写短期图文信息分发计划表单 ②编写短期音视频、动画信息分发计划表单	（3）难点：编写短期音视频、动画信息分发计划表单	
		（12）制订站外信息载体精准分发方案	依据信息载体分发计划提交信息载体加工选题方案 ①提交热点图文信息加工选题方案 ②提交热点音视频、动画信息加工选题方案	（1）方法：讲授法、演示法、实训（练习）法 （2）重点与难点：依据信息载体分发计划提交信息载体加工选题方案	1
		（13）阶段性站外信息载体分发效果数据分析	1）提取、分析站外阶段性图文信息载体分发浏览数据 ①提出阶段性站外受众数据分析目标表单需求 ②提出阶段性站外图文信息数据分析目标表单需求 ③分析阶段性图文信息分发效果	（1）方法：讲授法、演示法 （2）重点与难点：提取、分析站外阶段性音视频、动画信息载体分发浏览数据	3
			2）提取、分析站外阶段性音视频、动画信息载体分发浏览数据 ①提出阶段性站外受众数据分析目标表单需求 ②提出阶段性站外音视频、动画信息数据分析目标表单需求 ③分析阶段性音视频、动画信息分发效果		
		（14）编写阶段性站外信息载体分发效果反馈报告	1）阶段性图文信息载体分发效果评估	（1）方法：讲授法、演示法、实训（练习）法 （2）重点与难点：对于音视频、动画信息载体站外分发效果的评估	2
			2）阶段性音视频、动画信息载体分发效果评估		
			3）提出信息分发修改建议		

续表

模块	课程	学习单元	课程内容	培训建议	课堂学时
3. 信息载体营销	3-2 信息载体多渠道传播矩阵营销	(1) 跨平台信息流量监控数据提取与标注	1) 从监控数据分析报告提取跨平台流量数据 ①提取热点信息流量数据 ②提取受众回复与反馈流量数据 2) 根据监控数据分析报告进行跨平台受众活跃度标注 ①图文内容方向活跃受众标注 ②音视频、动画内容方向活跃受众标注	(1) 方法：讲授法、演示法 (2) 重点：从监控数据分析报告提取跨平台流量数据 (3) 难点：各媒介平台的数据统计	2
		(2) 传播矩阵账号功能属性划分与标注	依据媒体平台属性划分矩阵账号类别 ①图文信息账号标注 ②音视频、动画信息账号标注	(1) 方法：讲授法、演示法 (2) 重点：依据媒体平台属性划分矩阵账号类别 (3) 难点：媒体平台属性的划分	1
		(3) 传播矩阵账号推送信息加工报题	制定矩阵账号信息加工的选题表单 ①调取媒体平台受众偏好监控数据 ②依据媒体平台矩阵账号属性提出推送信息的加工需求报题	(1) 方法：讲授法、演示法、实训（练习）法 (2) 重点与难点：依据媒体平台矩阵账号属性提出推送信息的加工需求报题	2
		(4) 制订传播矩阵账号信息载体推送计划	1) 编写矩阵账号信息推送计划表单 ①编写同平台账号信息推送频次计划表单 ②选择并编写多平台矩阵账号信息推送频次计划表单 2) 媒体平台矩阵账号信息推送上传与更新 ①信息载体推送规范 ②对特定账号信息推送内容进行更新	(1) 方法：讲授法、演示法、实训（练习）法 (2) 重点与难点：及时对特定账号信息推送内容进行更新	1

续表

模块	课程	学习单元	课程内容	培训建议	课堂学时
3. 信息载体营销	3-2 信息载体多渠道传播矩阵营销	（5）传播矩阵账号流量分析数据提取	1）提取跨平台多账号受众热度分析数据	（1）方法：讲授法、演示法、实训（练习）法 （2）重点与难点：提取跨平台多账号信息内容热度分析数据	1
			2）提取跨平台多账号信息内容热度分析数据		
		（6）编写跨平台传播矩阵账号信息推送效果反馈报告	1）受众数据分析预期效果与结论	（1）方法：讲授法、演示法、实训（练习）法 （2）重点与难点：内容数据分析预期效果与结论	1
			2）内容数据分析预期效果与结论		
			3）提出矩阵账号信息推送修改建议		
		（7）外链平台渠道的开发	1）获取不同媒体平台联系渠道的途径与方法 ①通过行业协会建立联系网络 ②通过平台合作拓展渠道资源	（1）方法：讲授法、演示法、实训（练习）法 （2）重点与难点：不同媒体平台信息载体接收标准	2
			2）不同媒体平台信息载体接收标准 ①不同媒体平台接收图文信息的标准 ②不同媒体平台接收音视频、动画信息的标准		
		（8）外链平台渠道信息分发的流程	1）与媒体渠道合作的机制 ①频道资源共享原则 ②矩阵资源共享原则	（1）方法：讲授法、演示法 （2）重点：不同媒体平台接收信息载体的具体流程 （3）难点：自媒体平台信息分发流程	2
			2）不同媒体平台分发信息载体的具体流程 ①门户类媒体平台信息分发流程 ②自媒体平台信息分发流程		
		（9）外链平台渠道信息多次分发方案	1）调取目标媒体平台阶段性信息投放效果评估报告	（1）方法：讲授法、演示法、实训（练习）法	2
			2）调取目标媒体平台信息热度监控数据		

续表

模块	课程	学习单元	课程内容	培训建议	课堂学时
3. 信息载体营销	3-2 信息载体多渠道传播矩阵营销	（9）外链平台渠道信息多次分发方案	3）根据目标平台信息传播效果评估报告制定信息多次分发表单	（2）重点与难点：根据目标平台信息传播效果评估报告制定信息多次分发表单	
		（10）外链平台渠道信息分发效果评估	1）受众目标数据分析与评估 2）内容目标数据分析与评估	（1）方法：讲授法、演示法、实训（练习）法 （2）重点与难点：外链平台渠道信息分发效果评估	2
	3-3 信息增值营销	（1）与站内原有广告资源冲突筛选	1）广告客户冲突数据筛选 2）站内阶段性广告投放冲突数据筛选 3）站内阶段性广告投放内容冲突数据筛选	（1）方法：讲授法、演示法 （2）重点与难点：站内广告资源冲突数据筛选	2
		（2）与站内频道资源时间冲突筛选	1）已占用频道资源冲突数据筛选 2）预占用频道资源冲突数据筛选	（1）方法：讲授法、演示法 （2）重点与难点：预占用频道资源冲突数据筛选	2
		（3）依据广告属性制订投放计划	1）制订即时性广告投放计划 ①站内即时性广告资源投放数据调取 ②站内即时性广告排序投放计划表单填写 2）制订一般性广告投放计划 ①站内一般性广告资源投放数据调取 ②站内一般性广告投放计划表单填写	（1）方法：讲授法、演示法 （2）重点：制订一般性广告投放计划 （3）难点：站内一般性广告资源投放数据调取	2
		（4）依据频道资源制订投放计划	1）站内频道广告投放资源数据调取 2）站内阶段性频道广告资源占用计划表单填写	（1）方法：讲授法、演示法 （2）重点与难点：站内阶段性频道广告资源占用计划表单填写	1

续表

模块	课程	学习单元	课程内容	培训建议	课堂学时
3．信息载体营销	3-3 信息增值营销	（5）依据投放计划站内执行精准投放	1）短期实时广告精准投放 ①目标受众即时弹出式广告精准投放 ②站内频道栏目即时广告精准投放 2）阶段性广告精准投放 ①站内平台主页广告位阶段性广告精准投放 ②站内频道栏目阶段性广告精准投放	（1）方法：讲授法、演示法 （2）重点与难点：站内短期实时广告精准投放	1
		（6）站内广告受众阶段性数据分析	1）站内广告受众实时数据调取与分析方法 ①广告点击率数据统计 ②观看完成率数据统计 2）站内广告受众阶段性数据调取与分析方法 ①阶段性广告点击率数据统计 ②阶段性观看完成率数据统计	（1）方法：讲授法、演示法 （2）重点与难点：站内广告受众阶段性数据调取与分析方法	1
		（7）广告与受众偏好匹配	1）依据广告受众的喜好偏向定向精准推送广告信息 ①与广告内容相匹配的站内受众数据调取 ②阶段性受众匹配广告站内推送计划表单填写 2）依据外部媒体平台的广告受众喜好偏向定向精准分发广告信息 ①目标媒体平台受众偏好数据调取 ②阶段性目标媒体平台受众匹配广告推送计划表单填写	（1）方法：讲授法、演示法 （2）重点：受众与广告的匹配 （3）难点：有效投放广告信息	2
4．数据监控	4-1 分析监控数据	（1）舆情热点分析	1）舆情热点分析目的 ①为舆情应对提供依据 ②为信息策划提供依据	（1）方法：讲授法、案例教学法	1

续表

模块	课程	学习单元	课程内容	培训建议	课堂学时
4．数据监控	4-1 分析监控数据	（1）舆情热点分析	2）舆情监控数据分析方法 ①信息走势分析 ②媒体来源分析 ③地域分析 ④关键词云分析 ⑤情感分布分析 ⑥高频词分析	（2）重点与难点：关键词云分析、高频词分析	
		（2）竞品监控数据分析	1）竞品监控数据分析目的 ①为运营战略调整提供依据 ②为信息策划提供依据 2）竞品监控数据分析方法 ①信息量对比分析 ②走势对比分析 ③高频词对比分析 ④情感分布对比分析	（1）方法：讲授法、案例教学法 （2）重点与难点：情感分布对比分析	1
		（3）异动监控数据分析	1）异动监控数据分析目的 ①为制定异动响应方案提供依据 ②为运营决策提供依据 2）监控数据异动原因分析 ①业务数据异动原因分析 ②竞品数据异动原因分析 ③舆情数据异动原因分析	（1）方法：讲授法、案例教学法 （2）重点与难点：监控数据异动原因分析	1
	4-2 撰写监控数据分析报告	（1）监控数据分析报告撰写方法	1）分析监控结果 ①各时段数据监控结果分析 ②各端口数据监控结果分析 2）撰写监控数据分析报告 ①数据展示 ②提出并分析问题 ③预测与建议	（1）方法：讲授法、实训（练习）法 （2）重点与难点：提出并分析问题	2

续表

模块	课程	学习单元	课程内容	培训建议	课堂学时
4. 数据监控	4-2 撰写监控数据分析报告	(2) 提出调整媒体分发渠道建议	1) 确定调整依据 ①分发效果评估 ②分发成本评估 2) 媒体分发渠道调整建议内容 ①媒体分发渠道选择建议 ②不同渠道分发建议	(1) 方法：讲授法、实训（练习）法 (2) 重点与难点：媒体分发渠道调整建议内容	2
5. 协同运营	5-1 全媒体传播矩阵运营	(1) 全媒体传播矩阵的构建	1) 全媒体传播矩阵构建标准 ①搭建内部矩阵 ②搭建横向外部矩阵 2) 全媒体传播矩阵的构建方法 ①在同一平台建立账号的矩阵 ②在不同平台搭建账号的矩阵	(1) 方法：讲授法、演示法、实训（练习）法 (2) 重点：全媒体传播矩阵构建标准 (3) 难点：全媒体传播矩阵的构建方法	2
		(2) 全媒体传播矩阵的操作运营	1) 传播矩阵运营模式 ①传播矩阵的构成 ②传播矩阵的模式及类型 2) 传播矩阵运营操作 ①以内容为主进行各端口信息匹配发布 ②按用户分层进行各端口信息匹配发布	(1) 方法：讲授法、演示法、实训（练习）法 (2) 重点：传播矩阵的构成 (3) 难点：传播矩阵的模式及类型	2
		(3) 全媒体传播矩阵的信息发布	1) 传播矩阵各端口信息特点 ①各端口信息发布特点 ②各端口信息发布方式 2) 各端口信息内容管理 ① CMS（内容管理系统）概念 ② CMS 信息发布流程	(1) 方法：讲授法、演示法、实训（练习）法 (2) 重点：传播矩阵各端口信息发布特点 (3) 难点：CMS 信息发布流程	2
		(4) 全媒体传播矩阵的端口操作	1) 端口信息传播方式 ①各端口信息发布 ②信息系统运营管理 2) 端口操作的方式 ①媒体平台操作方式 ②传播渠道操作方式	(1) 方法：讲授法、演示法、实训（练习）法 (2) 重点与难点：端口操作的方式	2

续表

模块	课程	学习单元	课程内容	培训建议	课堂学时
5. 协同运营	5-1 全媒体传播矩阵运营	（5）全媒体传播矩阵的端口信息整合传播	1）全媒体信息整合 ①信息选择与采集 ②信息资源配置	（1）方法：讲授法、演示法、实训（练习）法 （2）重点与难点：信息资源配置	2
			2）全媒体各端口的信息传播 ①图文信息发布 ②音视频、动画信息发布		
	5-2 全媒体各端口协同运营	（1）全媒体各端口信息输入操作运营	1）全媒体信息输入 ①图文信息输入 ②音视频、动画信息输入 ③互动信息输入	（1）方法：讲授法、演示法、实训（练习）法 （2）重点与难点：全媒体信息输入协同运营	4
			2）全媒体信息输入协同运营 ①信息源分类 ②信息评价与利用 ③信息传播端口运营维护		
		（2）全媒体各端口信息输出操作运营	1）全媒体信息输出 ①图文信息输出 ②音视频、动画信息输出 ③互动信息输出	（1）方法：讲授法、演示法、实训（练习）法 （2）重点：各端口信息输出类型及方式 （3）难点：全媒体信息输出协同运营	4
			2）全媒体信息输出协同运营 ①信息用户分类 ②各端口信息输出类型及方式 ③通过监控数据分析报告制定用户反馈表单		
6. 培训与指导	6-1 培训	（1）职业培训基本流程	1）岗位需求调研	（1）方法：讲授法、案例教学法 （2）重点与难点：培训实务管理	1
			2）培训需求对接		
			3）培训实务管理		
		（2）制订培训计划	1）培训计划编写依据	（1）方法：讲授法、案例教学法 （2）重点与难点：编写培训计划内容	1
			2）培训计划编写原则		
			3）编写培训计划内容		

续表

模块	课程	学习单元	课程内容	培训建议	课堂学时
6.培训与指导	6-1 培训	（3）课堂组织与教学	1）常见的教学法 ①讲授法 ②讨论法 ③实训（练习）法 ④演示法 ⑤情境教学法 ⑥实物示教法 2）课堂组织与教学 ①课程导入的方法 ②合理运用教学方法 ③实施过程考核评价 ④重点及难点的处理 ⑤课后归纳及总结	（1）方法：讲授法、演示法 （2）重点与难点：演示法、情境教学法	2
	6-2 指导	技能指导的组织和评定	1）技能指导概述 2）技能指导的组织程序 ①技能指导前准备（场地、工具设备、素材等） ②指导教师讲解示范，现场操作、巡回指导 ③技能考核评价 3）技能指导的效果评定 ①技能水平测试 ②知识水平测试 ③综合评定	（1）方法：讲授法、案例教学法 （2）重点：技能指导的组织程序 （3）难点：技能指导的效果评定	2
课堂学时合计					120

2.2.4　一级/高级技师职业技能培训课程规范

模块	课程	学习单元	课程内容	培训建议	课堂学时
1.信息内容加工策划	1-1 审核信息内容加工策划方案	（1）审核信息内容加工策划方案选题	1）选题热点分析 ①热点事件 ②热点情绪 ③热点人物	（1）方法：讲授法、演示法	2

续表

模块	课程	学习单元	课程内容	培训建议	课堂学时
1. 信息内容加工策划	1-1 审核信息内容加工策划方案	(1) 审核信息内容加工策划方案选题	2) 选题热点比对 ①公信力 ②新闻价值 ③时效性 3) 选题内容审核 ①合理性审核 ②合规性审核 ③合法性审核	(2) 重点与难点：选题热点分析	
		(2) 审核信息内容加工策划方案可行性	1) 审核策划方案要素指标的可获得性 ①选题对应的图文信息素材可获得性审核 ②选题对应的音视频信息素材可获得性审核 ③选题对应的动画信息素材可获得性审核 2) 审核策划方案中加工方法可行性 ①图文信息素材加工方法可行性审核 ②音视频信息素材加工方法可行性审核 ③动画信息素材加工方法可行性审核	(1) 方法：讲授法、演示法 (2) 重点与难点：审核策划方案中加工方法可行性	2
	1-2 评估信息内容加工质量	(1) 评估信息内容加工结果的规范性	1) 信息内容加工方法规范性评估 ①合理的筛选与分类 ②专业的编辑处理 ③标准的编目与存储 2) 信息内容加工质量的评估要求 ①明确信息内容宣传目标 ②明确用户属性及需求 ③挖掘内容定位关键词 ④主题凸显、形式契合	(1) 方法：讲授法、演示法 (2) 重点与难点：信息内容加工质量的评估要求	3
		(2) 评估信息内容加工结果的标准性	1) 技术标准的评估流程	(1) 方法：讲授法、演示法、实训（练习）法	2

续表

模块	课程	学习单元	课程内容	培训建议	课堂学时
1. 信息内容加工策划	1-2 评估信息内容加工质量	（2）评估信息内容加工结果的标准性	2）图文信息版面内容和布局符合规范 3）音视频、动画等信息画面尺寸与时长、影像分辨率等符合规范	（2）重点与难点：技术标准的评估流程	
		（3）评估信息内容对接媒介的匹配性	1）需求标准的评估流程 2）信息时长和篇幅符合媒介平台营销要求 3）信息选题方向符合媒介平台营销要求 4）信息内容符合媒介平台营销要求	（1）方法：讲授法、演示法、实训（练习）法 （2）重点与难点：需求标准的评估流程	1
2. 信息载体营销	2-1 评估站内与站外精准营销效果	（1）提出站内受众特定需求精准分析	1）站内受众特定需求划分 ①站内图文信息受众活跃度划分 ②站内音视频、动画信息受众活跃度划分 2）站内受众特定需求筛选 ①对相似内容图文信息的浏览频次进行统计 ②对相似内容音视频、动画信息的浏览频次进行统计 ③对站内受众特定需求进行排序	（1）方法：讲授法、演示法 （2）重点与难点：对站内受众特定需求进行排序	2
		（2）站内信息载体匹配性筛选与推送审核	1）站内信息载体推送精准匹配 ①特定需求受众账号定向筛选 ②特定需求受众实时反馈跟踪 2）审核站内信息载体精准推送匹配方案 ①审核站内不同频道资源匹配性推送方案 ②审核阶段性匹配精准推送方案	（1）方法：讲授法、演示法 （2）重点：站内信息载体匹配 （3）难点：审核阶段性匹配精准推送方案	2

续表

模块	课程	学习单元	课程内容	培训建议	课堂学时
2. 信息载体营销	2-1 评估站内与站外精准营销效果	(3) 提出站内信息载体推送反馈与信息加工意见	1) 对站内精准推送反馈提出意见 ①依据行业发展提出新的分析需求意见 ②依据受众变化提出新的分析需求意见 2) 对站内精准推送信息加工提出需求建议 ①依据行业发展提出新的加工需求建议 ②依据精准推送预期目标提出预期加工需求建议	(1) 方法：讲授法、演示法 (2) 重点与难点：依据行业发展提出新的加工需求建议	2
		(4) 审核阶段性信息载体精准推送的需求规划	1) 阶段性匹配精准推送预期目标 ①审核站内精准推送短期目标 ②审核站内阶段性匹配精准推送长期目标 2) 阶段性匹配精准推送需求 ①审核站内频道栏目资源设置与调整需求规划 ②审核站内受众反馈互动资源的设置与调整需求规划	(1) 方法：讲授法、演示法 (2) 重点与难点：制定站内阶段性匹配精准推送预期目标	2
		(5) 提出媒体平台品牌化发展规划	1) 媒体平台品牌化传播包装规划 ①媒体平台品牌化传播发展思路 ②媒体平台站内精准推送信息品牌化传播包装方法与措施 2) 媒体平台品牌化发展架构 ①媒体平台站内多品牌发展架构 ②媒体平台站内单一品牌发展架构	(1) 方法：讲授法、演示法 (2) 重点：媒体平台品牌化发展架构 (3) 难点：媒体平台站内多品牌发展架构	6

续表

模块	课程	学习单元	课程内容	培训建议	课堂学时
2. 信息载体营销	2-1 评估站内与站外精准营销效果	（6）提出媒体平台品牌化营销体系战略	1）媒体平台信息推送品牌化形象体系战略 ①媒体平台视觉形象识别系统（VI体系）战略 ②媒体平台企业行为识别系统（BI体系）战略 ③媒体平台企业理念识别系统（MI体系）战略 2）媒体平台信息推送品牌化价值体系建设 ①媒体平台受众满意度跟踪 ②其他媒体平台认同满意度跟踪	（1）方法：讲授法、演示法 （2）重点：媒体平台信息推送品牌化价值体系建设 （3）难点：其他媒体平台认同满意度跟踪	6
		（7）审核确定站外受众需求信息	1）站外受众跟踪数据提取 ①站外受众活跃度分析报告提取 ②站外受众信息浏览完成率分析报告提取 2）站外受众信息内容偏好数据提取 ①站外受众信息浏览频次分析报告提取 ②站外受众满意度分析报告提取	（1）方法：讲授法、演示法 （2）重点：站外受众跟踪数据提取 （3）难点：站外受众信息浏览完成率分析报告提取	1
		（8）审核确定站外信息载体分发方案与规划	1）站外信息载体分发方案审核 ①信息载体内容策略建议与审核 ②信息载体分发平台建议与审核 2）站外信息载体分发规划审核 ①短期分发计划建议与审核 ②中长期分发规划建议与审核	（1）方法：讲授法、演示法 （2）重点：信息载体分发平台建议与审核 （3）难点：短期分发计划建议与审核	1

续表

模块	课程	学习单元	课程内容	培训建议	课堂学时
2. 信息载体营销	2-1 评估站内与站外精准营销效果	（9）审核确定站外媒体渠道开发与规划方案	1）审核站外合作渠道开发 ①同平台同栏目合作渠道开发审核 ②多平台同栏目合作渠道开发审核 ③自媒体合作渠道开发审核 2）确定站外媒体渠道开发与规划方案 ①短期开发方案确定 ②中长期开发与规划方案确定	（1）方法：讲授法、演示法 （2）重点：审核站外合作型渠道开发 （3）难点：多平台同栏目合作渠道开发审核	4
		（10）审核确定地域属性信息分发营销规划	1）地域属性信息分发营销规划 ①地区热点信息及时分发营销方案与规划审核 ②地区热点信息二次及以上分发营销方案与规划审核 2）地域属性信息分发营销规划结果反馈评估 ①合作渠道反馈结果跟踪评估 ②受众反馈结果跟踪评估	（1）方法：讲授法、演示法 （2）重点与难点：地域属性信息分发营销规划结果反馈评估	4
		（11）站外信息精准分发品牌化营销规划审核	1）媒体平台站外精准分发品牌价值规划审核 ①站外平台分发信息载体品牌价值规划 ②站外平台分发信息载体品牌价值规划审核 2）媒体平台站外分发管理体系建构 ①构建站外信息载体分发管理制度 ②构建站外信息载体接收管理制度	（1）方法：讲授法、演示法 （2）重点与难点：媒体平台站外精准分发品牌价值审核	4
		（12）其他媒体平台品牌竞争环境评估	1）信息载体分发竞争环境评估 ①信息载体分发速度竞争环境评估 ②信息载体分发质量竞争环境评估	（1）方法：讲授法、演示法 （2）重点与难点：信息载体分发质量竞争环境评估	4

续表

模块	课程	学习单元	课程内容	培训建议	课堂学时
2. 信息载体营销	2-1 评估站内与站外精准营销效果	（12）其他媒体平台品牌竞争环境评估	2）媒体平台竞争环境评估 ①同类媒体平台频道内容设置评估 ②同类媒体平台栏目内容设置评估		
	2-2 评估多渠道矩阵营销效果	（1）传播矩阵精准组合	1）媒体平台之间的层次与关系 ①综合门户网站的内容与层次 ②自媒体平台的内容与层次	（1）方法：讲授法、演示法 （2）重点与难点：传播矩阵搭建策略	2
			2）传播矩阵搭建策略 ①综合门户网站频道账号建立 ②自媒体平台账号建立		
		（2）传播矩阵精准匹配	1）矩阵账号与受众精准匹配 ①综合门户网站受众偏好匹配 ②自媒体平台受众偏好匹配	（1）方法：讲授法、演示法 （2）重点与难点：矩阵账号与受众精准匹配	2
			2）矩阵账号内容与媒体平台精准匹配 ①综合门户网站信息推送内容匹配 ②自媒体平台信息推送内容匹配		
		（3）信息载体多次推送准备	1）同平台账号阶段性推送频次计划审核	（1）方法：讲授法、演示法 （2）重点与难点：多平台账号阶段性推送频次计划审核	2
			2）多平台账号阶段性推送频次计划审核		
		（4）信息载体多次推送效果评估	1）同平台账号阶段性推送效果审核评估	（1）方法：讲授法、演示法 （2）重点与难点：多平台账号阶段性推送效果审核评估	2
			2）多平台账号阶段性推送效果审核评估		

续表

模块	课程	学习单元	课程内容	培训建议	课堂学时
2. 信息载体营销	2-2 评估多渠道矩阵营销效果	（5）阶段性多次推送效果审核评估	1）阶段性多次推送受众完成率数据分析报告审核评估 2）阶段性多次推送信息内容完成率数据分析报告审核评估	（1）方法：讲授法、演示法、实训（练习）法 （2）重点与难点：阶段性多次推送信息内容完成率数据分析报告审核评估	2
		（6）传播矩阵多次推送效果审核评估	1）同平台账号多次推送效果审核评估 ①同平台同栏目账号推送跟踪数据分析报告审核评估 ②同平台同频道推送跟踪数据分析报告审核评估 2）不同平台阶段性组合推送效果跟踪分析报告审核评估 ①不同平台多栏目账号组合推送分析报告审核评估 ②不同平台多频道组合推送分析报告审核评估	（1）方法：讲授法、演示法、实训（练习）法 （2）重点与难点：不同平台阶段性组合推送效果跟踪分析报告审核评估	2
	2-3 评估信息增值营销效果	（1）广告信息分类审核	1）广告形式分类审核 ①长期性品牌营销广告审核 ②短期性产品促销广告审核 2）广告产品分类审核 ①品牌广告产品审核 ②地域广告产品审核	（1）方法：讲授法、演示法 （2）重点与难点：广告产品分类审核	2
		（2）广告分类投放计划审核	1）受众黏度数据审核 ①受众点击同类广告频次数据分析审核 ②受众点击同类广告完成率数据分析审核 ③广告受众需求数据整理排序审核 2）广告投放计划审核 ①目标平台账号精准投放计划审核 ②目标受众精准投放计划审核	（1）方法：讲授法、演示法、实训（练习）法 （2）重点与难点：广告投放计划审核	2

续表

模块	课程	学习单元	课程内容	培训建议	课堂学时
2. 信息载体营销	2-3 评估信息增值营销效果	（3）目标受众有效分析报告审核	1）目标受众需求分析报告审核 2）目标受众的特征分析报告审核	（1）方法：讲授法、演示法、实训（练习）法 （2）重点与难点：目标受众需求分析报告审核	2
		（4）目标受众精准投放计划效果审核	1）目标受众账号精准投放计划效果审核 2）广告产品实时营销效果分析报告审核	（1）方法：讲授法、演示法、实训（练习）法 （2）重点与难点：目标受众账号精准投放计划效果审核	2
		（5）广告植入信息受众需求匹配审核	1）受众对品牌的感知需求分析 2）受众对广告产品的感知需求分析	（1）方法：讲授法、演示法 （2）重点与难点：受众对广告产品的感知需求分析	2
		（6）广告植入信息推送效果分析审核	1）不同植入模式对广告产品销售效果的影响跟踪 2）受众感知与广告植入模式匹配效果跟踪	（1）方法：讲授法、演示法 （2）重点与难点：受众感知与广告植入模式匹配效果跟踪	2
		（7）广告投放流量预期审核	1）广告投放前目标市场阶段性流量数据调取分析审核 2）广告投放后目标市场阶段性流量数据调取分析审核 3）提出广告植入信息投放流量方案与修改建议	（1）方法：讲授法、演示法 （2）重点与难点：提出广告植入信息投放流量方案与修改建议	2
		（8）广告投放销售预期效果评估	1）广告投放前目标市场阶段性销售数据调取分析评估 2）广告投放后目标市场阶段性销售数据调取分析评估 3）提出广告植入信息投放销售方案与修改建议	（1）方法：讲授法、演示法 （2）重点与难点：提出广告植入信息投放销售方案与修改建议	2

续表

模块	课程	学习单元	课程内容	培训建议	课堂学时
3．数据监控	3-1 制订数据监控方案	（1）构建数据监控指标体系	1）分解监控目标 ①运营数据监控目标 ②舆情热点监控目标	（1）方法：讲授法、案例教学法 （2）重点：确定监控指标	2
			2）选定监控对象 ①以媒体为监控对象 ②以话题为监控对象 ③以事件为监控对象 ④以人物为监控对象		
			3）确定监控指标 ①预警指标 ②关键词指标 ③时间范围指标 ④信息来源指标		
		（2）制订数据监控方案的方法	1）确定数据监控目的 ①为数据监控提供依据 ②提高数据监控效率 ③提高异动响应速度	（1）方法：讲授法、案例教学法 （2）重点：确定监测频率、确定异动响应方案	2
			2）确定数据监控方案的内容 ①确定监测责任人 ②确定监测频率 ③确定监测报告周期 ④确定异动响应方案		
	3-2 审核数据监控分析报告	（1）审核数据监控分析报告的要求与方法	1）数据监控分析报告的审核要求	（1）方法：讲授法、案例教学法 （2）重点与难点：审核监控分析报告数据的真实性	2
			2）数据监控分析报告审核方法 ①审核监控分析报告数据的真实性 ②审核监控分析报告推导依据 ③审核监控分析报告结论		
		（2）审核媒体分发渠道调整建议	1）审核媒体分发渠道调整依据	（1）方法：讲授法、案例教学法 （2）重点与难点：审核建议可行性	2
			2）审核分发渠道调整建议的方法 ①审核建议可行性 ②预估调整的效果		

续表

模块	课程	学习单元	课程内容	培训建议	课堂学时
4.协同运营	4-1 全媒体传播矩阵运营管理	（1）制订全媒体传播矩阵的构建方案	1）全媒体传播矩阵构建方案的制定流程 ①各端口信息发布方式的选择 ②全媒体传播矩阵的搭建原则 ③全媒体传播矩阵的模式选择 2）全媒体传播矩阵构建方案的优化升级 ①监控数据报告的分析 ②用户反馈表单的分析 ③通过综合分析制订优化方案	（1）方法：讲授法、演示法、实训（练习）法 （2）重点：各端口信息发布方式的选择 （3）难点：通过综合分析制订优化方案	6
		（2）多维度信息出入口的构建	1）全媒体各端口信息获取 ①直接数据获取 ②用户数据反馈 ③数据挖掘 2）全媒体各端口信息服务 ①内容传播 ②内容营销 3）多维度信息出入口管理 ①多维度信息整合 ②多维度信息营销	（1）方法：讲授法、演示法、实训（练习）法 （2）重点与难点：多维度信息出入口管理	2
	4-2 调整全媒体各端口协同运营战略	（1）制订全媒体各端口调整方案	1）全媒体运营策略评估 ①内容分析 ②平台分析 ③用户分析 ④效益评估 2）制订传播矩阵各端口信息发布方案 ①确定各端口信息发布时间节点 ②确定各端口信息发布内容	（1）方法：讲授法、演示法、实训（练习）法 （2）重点：全媒体运营策略评估 （3）难点：制订传播矩阵各端口信息发布方案	4

课程包

续表

模块	课程	学习单元	课程内容	培训建议	课堂学时
4. 协同运营	4-2 调整全媒体各端口协同运营战略	（2）制定全媒体各端口协同运营战略规划	1）媒体协同运营管理 ①平台矩阵运营管理 ②用户运营管理 ③内容运营管理 ④产品品牌运营管理 2）全媒体协同运营战略规划的制定方法 ①内外部环境分析 ②网络营销STP（市场细分、目标市场、市场定位）战略 ③战略选择	（1）方法：讲授法、演示法、实训（练习）法 （2）重点：平台矩阵运营管理 （3）难点：内外部环境分析	4
		（3）传播矩阵各端口信息内容管理	1）传播矩阵各端口信息分类 ①根据信息内容分类 ②根据信息服务范围分类 2）传播矩阵各端口信息整合 ①各内容类型的信息整合 ②各渠道信息内容整合	（1）方法：讲授法、演示法、实训（练习）法 （2）重点与难点：各渠道信息内容整合	2
		（4）传播矩阵协同运营调整	1）确定调整内容 ①内容编辑 ②用户设计 ③调整传播渠道 2）战略调整的操作方法 ①战略目标分析 ②关键因素分析 ③战略调整 ④战略评估	（1）方法：讲授法、演示法、实训（练习）法 （2）重点与难点：战略调整的操作方法	4
5. 培训与指导	5-1 培训	理论知识培训	1）培训二级/技师编写理论知识培训计划 ①确定理论知识培训教材 ②确定理论知识培训内容 ③确定理论知识考核方式 2）对低级别人员进行理论知识培训 ①培训二级/技师编写教案 ②培训二级/技师制作课件 ③进行新知识、新技术的培训	（1）方法：讲授法、案例教学法 （2）重点与难点：确定理论知识考核方式	2

续表

模块	课程	学习单元	课程内容	培训建议	课堂学时
5. 培训与指导	5-2 指导	技能指导	1）技能指导概述 2）技能指导的基本步骤 3）指导二级/技师进行技能指导 4）技能指导案例	（1）方法：实训（练习）法 （2）重点与难点：技能指导的基本步骤	2
课堂学时合计					110

2.2.5 培训建议中培训方法说明

1. 讲授法

讲授法指教师主要运用语言讲述，系统地向学员传授知识，传播思想观念的教学方法。即教师通过叙述、描绘、解释、推论来传递信息、传授知识、阐明概念、论证定律和公式，引导学员获取知识，认识和分析问题。

2. 讨论法

讨论法指在教师的指导下，学员以班级或小组为单位，围绕学习单元的内容，对某一专题进行深入探讨，通过讨论或辩论活动，从而获得知识或巩固知识的一种教学方法，要求教师在讨论结束时对讨论的主题做归纳性总结。

3. 实训（练习）法

实训（练习）法指学员在教师的指导下巩固知识、运用知识，形成技能技巧的方法。通过实际操作的练习，形成操作技能。

4. 参观法

参观法指教师组织或指导学员进行实地观察、调查、研究和学习，使学员获得新知识或巩固已学知识的教学方法。参观教学法可分为"准备性参观、并行性参观、总结性参观"等。

5. 演示法

演示法指在教学过程中，教师通过示范操作和讲解使学员获得知识、技能的教学方法。教学中，教师对操作内容进行现场演示，边操作，边讲解，强调操作的关键步骤和注意事项，使学员边学边做，理论与技能并重，师生互动，提高学生的学习兴趣和学习效率。

6. 案例教学法

案例教学法指通过对案例进行分析，提出问题，分析问题，并找到解决问题的途径和手段，培养学员分析问题、处理问题的能力。

7. 项目教学法

项目教学法指以实际应用为目的，将理论知识与实际工作相结合，通过师生共同完成一个完整的"项目"工作，使学员获得知识和实践操作能力与解决实际问题能力的教学方法。其实施以小组为学习单位，一般可分为确定项目任务、计划、决策、实施、检查和评价6个步骤。强调学员在学习过程中的主体地位，以学员为中心，以学员学习为主、教师指导为辅，通过完成教学项目，激发学习积极性，使学员既获得相关理论知识，又掌握实践技能和工作方法，提高学员解决实际问题的综合能力。

8. 实物示教法

实物示教法指教师通过实物的操作演示或对学员实物操作演示的评价，实现对学员技能操作步骤和要领掌握情况的检查、纠错、修正，并演示正确操作方法的一种教学方法。

9. 观摩法

观摩法主要指让学员通过现场观摩、观看视频等形式，学习、获取知识和技能的一种教学方法。

2.3 考核规范

2.3.1 职业基本素质培训考核规范

考核范围	考核比重（%）	考核内容	考核比重（%）	考核单元
1. 职业认知与职业道德	20	1-1 职业认知	5	职业认知
		1-2 职业道德基础知识	10	职业道德基础知识
		1-3 职业守则	5	职业守则
2. 全媒体基础知识	20	2-1 全媒体概述	5	全媒体概述
		2-2 全媒体平台概述	7	（1）全媒体平台分类与特点
				（2）全媒体平台基本规则

续表

考核范围	考核比重（%）	考核内容	考核比重（%）	考核单元
2．全媒体基础知识		2-3 全媒体信息表现形式	8	（1）全媒体信息类型、含义及特点
				（2）全媒体信息文件格式
3．数据分析基础知识	10	3-1 数据分析概述	2	（1）数据基础知识
				（2）数据分析的意义
		3-2 数据分析的工作流程	8	（1）数据需求沟通
				（2）抽样工作方法
				（3）资料收集与处理
				（4）数据分析
				（5）结论输出
4．信息加工与选题策划基础知识	10	4-1 信息加工的基本概念	2	（1）信息加工含义及特点
				（2）信息加工的处理方法
		4-2 信息加工	5	（1）文本类信息加工
				（2）图像类信息加工
				（3）音频类信息加工
				（4）视频类信息加工
				（5）多媒体信息加工
		4-3 选题策划基础知识	3	（1）选题策划的概念
				（2）选题策划原则和方法
5．信息载体营销基础知识	10	5-1 市场营销基础知识	2	（1）市场营销基本理论
				（2）市场营销环境基础知识
				（3）消费者特征基础知识
				（4）消费者行为基础知识
		5-2 信息载体营销内容	5	（1）信息载体营销概述
				（2）信息载体目标市场定位
				（3）全媒体信息载体受众
				（4）全媒体信息载体营销策略
		5-3 信息载体营销管理	3	（1）信息载体营销战略
				（2）信息载体渠道管理

续表

考核范围	考核比重（%）	考核内容	考核比重（%）	考核单元
5．信息载体营销基础知识		5-3 信息载体营销管理		（3）信息载体广告管理
6．数据监控基础知识	10	6-1 数据监控概述	2	数据监控概述
		6-2 数据监控系统	8	（1）运营数据监控系统
				（2）舆情数据监控系统
7．协同运营基础知识	10	7-1 传播矩阵相关知识	2	（1）传播矩阵的构建
				（2）传播矩阵的运营
		7-2 全媒体各端口基础知识	2	全媒体各端口基础知识
		7-3 传播受众分析相关知识	4	（1）传播学基础知识
				（2）受众分析基础知识
		7-4 信息管理系统基础知识	2	信息管理系统基础知识
8．安全操作基础知识	5	8-1 计算机安全操作知识	2	计算机安全操作知识
		8-2 媒体平台安全管理技术	3	媒体平台安全管理技术
9．相关法律、法规知识	5	相关法律、法规知识	5	相关法律、法规知识

2.3.2 三级／高级职业技能培训理论知识考核规范

考核范围	考核比重（%）	考核内容	考核比重（%）	考核单元
1．数据分析	20	1-1 获取数据	10	（1）媒体流量数据获取
				（2）媒体内容数据获取
				（3）受众行为数据获取
				（4）受众态度数据获取
		1-2 整理数据	10	（1）数据录入方法
				（2）数据清洗方法
				（3）数据可视化处理
2．信息内容加工	30	2-1 图文内容策划与加工	10	（1）图文选题策划
				（2）图文内容策划

续表

考核范围	考核比重（%）	考核内容	考核比重（%）	考核单元
2. 信息内容加工		2-1 图文内容策划与加工		（3）图文版面策划
				（4）文本内容加工
				（5）图表内容加工
				（6）图片内容加工
				（7）图文混合内容加工
		2-2 音视频、动画信息策划与加工	20	（1）音频信息策划
				（2）视频、动画信息策划
				（3）音频信息加工
				（4）视频、动画信息加工
3. 信息载体营销	30	3-1 信息载体站内推送与站外分发	10	（1）站内信息载体推送计划
				（2）站外信息载体分发计划
		3-2 信息载体多渠道传播矩阵营销	10	（1）提出矩阵账号信息推送计划
				（2）外链平台渠道信息收集
				（3）外链平台接收信息的流程
				（4）提出外链渠道信息分发计划
		3-3 信息增值营销	10	（1）广告分类推送
				（2）广告植入信息与受众喜好的匹配
4. 数据监控	20	4-1 数据监控系统设置	10	（1）全网监控对象设置
				（2）定向监控对象设置
				（3）基础监控参数设置
				（4）预警参数设置
		4-2 实时数据监控	10	（1）报告数据异动
				（2）生成实时监控报告

2.3.3 三级/高级职业技能培训操作技能考核规范

考核范围	考核比重（%）	考核内容	考核比重（%）	考核形式	选考方式	考核时间（分钟）	重要程度[①]
1. 数据分析	25	1-1 获取数据	10	实操	必考	25	X
		1-2 整理数据	15	实操	必考		X

---

① 重要程度栏目用"X""Y""Z"标注，"X"表示核心要素，"Y"表示一般要素，"Z"表示辅助要素。

续表

考核范围	考核比重（%）	考核内容	考核比重（%）	考核形式	选考方式	考核时间（分钟）	重要程度
2．信息内容加工	30	2-1 图文内容策划与加工	15	实操	必考	30	X
		2-2 音视频、动画信息策划与加工	15	实操	必考		X
3．信息载体营销	25	3-1 信息载体站内推送与站外分发	10	实操	必考	25	X
		3-2 信息载体多渠道传播矩阵营销	10	实操	必考		X
		3-3 信息增值营销	5	实操	必考		Y
4．数据监控	20	4-1 数据监控系统设置	5	实操	必考	20	X
		4-2 实时数据监控	15	实操	必考		X

2.3.4 二级／技师职业技能培训理论知识考核规范

考核范围	考核比重（%）	考核内容	考核比重（%）	考核单元
1．数据分析	15	1-1 分析媒体和受众数据	5	（1）制订数据获取方案
				（2）流量数据分析
				（3）内容数据分析
				（4）受众数据分析
		1-2 评估媒体运营匹配的精准性	5	（1）媒体运营匹配精准性评价
				（2）媒体运营匹配精准性评估报告撰写方法
		1-3 评估信息传播匹配的精准性	5	（1）信息传播匹配精准性评估
				（2）信息传播匹配精准性评估报告撰写方法
2．信息内容加工	15	2-1 信息内容筛选与加工策划	5	（1）信息内容筛选方案编写
				（2）信息内容加工策划方案撰写
		2-2 信息内容整合加工	5	（1）图文信息内容整合加工
				（2）音视频信息内容整合加工
				（3）动画信息内容整合加工
		2-3 信息资源编目与存储	5	（1）信息资源编目
				（2）信息资源存储

续表

考核范围	考核比重（%）	考核内容	考核比重（%）	考核单元
3．信息载体营销	30	3-1 站内与站外精准营销	10	（1）制订站内信息载体精准推送方案
				（2）制订站外信息载体精准分发方案
		3-2 信息载体多渠道传播矩阵营销	10	（1）制订传播矩阵账号信息推送方案
				（2）制订外链渠道信息多次分发方案
		3-3 信息增值营销	10	（1）广告分类推送
				（2）广告与受众偏好的匹配
4．数据监控	20	4-1 分析监控数据	10	（1）舆情热点分析
				（2）竞品监控数据分析
				（3）异动监控数据分析
		4-2 撰写监控数据分析报告	10	（1）监控数据分析报告撰写
				（2）提出调整媒体分发渠道建议
5．协同运营	15	5-1 全媒体传播矩阵运营	10	（1）全媒体传播矩阵的构建
				（2）全媒体传播矩阵的操作运营
				（3）全媒体传播矩阵的信息发布
				（4）全媒体传播矩阵的端口操作
				（5）全媒体传播矩阵的端口信息整合传播
		5-2 全媒体各端口协同运营	5	（1）全媒体各端口信息输入操作运营
				（2）全媒体各端口信息输出操作运营
6．培训与指导	5	6-1 培训	3	（1）编写培训计划
				（2）常用教学法的使用
				（3）课堂教学的组织
		6-2 指导	2	（1）技能指导的组织
				（2）技能指导的效果评定

2.3.5 二级/技师职业技能培训操作技能考核规范

考核范围	考核比重（%）	考核内容	考核比重（%）	考核形式	选考方式	考核时间（分钟）	重要程度
1. 数据分析	20	1-1 分析媒体和受众数据	5	实操	必考	25	Y
		1-2 评估媒体运营匹配的精准性	10	实操	必考		X
		1-3 评估信息传播匹配的精准性	5	实操	必考		X
2. 信息内容加工	15	2-1 信息内容筛选与加工策划	5	实操	必考	15	X
		2-2 信息内容整合加工	5	实操	必考		X
		2-3 信息资源编目与存储	5	实操	必考		Y
3. 信息载体营销	30	3-1 站内与站外精准营销	10	实操	必考	30	X
		3-2 信息载体多渠道传播矩阵营销	10	实操	必考		X
		3-3 信息增值营销	10	实操	必考		X
4. 数据监控	15	4-1 分析监控数据	5	实操	必考	15	Y
		4-2 撰写监控数据分析报告	10	实操	必考		X
5. 协同运营	15	5-1 全媒体传播矩阵运营	10	实操	必考	15	X
		5-2 全媒体各端口协同运营	5	实操	必考		X
6. 培训与指导	5	6-1 培训	3	实操	必考	5	X
		6-2 指导	2	实操	必考		X

2.3.6 一级/高级技师职业技能培训理论知识考核规范

考核范围	考核比重（%）	考核内容	考核比重（%）	考核单元
1. 信息内容加工策划	15	1-1 审核信息内容加工策划方案	5	（1）审核信息内容选题
				（2）审核选题策划方案

续表

考核范围	考核比重（%）	考核内容	考核比重（%）	考核单元
1. 信息内容加工策划		1-2 评估信息内容加工质量	10	（1）评估信息内容加工结果的规范性
				（2）评估信息内容加工结果的标准性
				（3）评估信息内容对接媒介的匹配性
2. 信息载体营销	25	2-1 评估站内与站外精准营销效果	10	（1）受众营销的策略制定
				（2）受众营销的效能评估
		2-2 评估多渠道矩阵营销效果	10	（1）矩阵传播的营销组合
				（2）信息有效推送渠道搭建
		2-3 评估信息增值营销效果	5	（1）广告分类推送效果评估
				（2）广告推送植入效果评估
3. 数据监控	25	3-1 制订数据监控方案	10	（1）构建数据监控指标体系
				（2）制订数据监测方案的方法
		3-2 审核数据监控分析报告	15	（1）审核数据监控分析报告的要求与方法
				（2）审核媒体分发渠道调整建议
4. 协同运营	30	4-1 全媒体传播矩阵运营管理	10	（1）制订全媒体传播矩阵构建方案
				（2）多维度信息出入口的构建
		4-2 调整全媒体各端口协同运营战略	20	（1）制订全媒体各端口调整方案
				（2）制定全媒体各端口协同运营战略规划
				（3）传播矩阵各端口信息内容管理
				（4）传播矩阵协同运营调整
5. 培训与指导	5	5-1 培训	2	（1）培训二级/技师编写理论知识培训计划
				（2）对低级别人员进行理论知识培训
		5-2 指导	3	技能指导

2.3.7 一级/高级技师职业技能培训操作技能考核规范

考核范围	考核比重（%）	考核内容	考核比重（%）	考核形式	选考方式	考核时间（分钟）	重要程度
1. 信息内容加工策划	25	1-1 审核信息内容加工策划方案	10	实操	必考	30	X
		1-2 评估信息内容加工质量	15	实操	必考		X
2. 信息载体营销	30	2-1 评估站内与站外精准营销效果	10	实操	必考	30	X
		2-2 评估多渠道矩阵营销效果	10	实操	必考		X
		2-3 评估信息增值营销效果	10	实操	必考		X
3. 数据监控	15	3-1 制订数据监控方案	5	实操	必考	15	X
		3-2 审核数据监控分析报告	10	实操	必考		X
4. 协同运营	25	4-1 全媒体传播矩阵运营管理	10	实操	必考	25	X
		4-2 调整全媒体各端口协同运营战略	15	实操	必考		X
5. 培训与指导	5	5-1 培训	2	实操	必考	5	X
		5-2 指导	3	实操	必考		X

附录

培训要求与课程规范对照表

附录

附录1 职业基本素质培训要求与课程规范对照表

2.1.1 职业基本素质培训要求			2.2.1 职业基本素质培训课程规范			
职业基本素质模块（模块）	培训内容（课程）	培训细目	学习单元	课程内容	培训建议	课堂学时
1. 职业认知与职业道德	1-1 职业认知	（1）全媒体运营师简介 （2）全媒体运营师工作内容	职业认知	1）全媒体及全媒体运营的认知 2）全媒体运营师职业认知	（1）方法：讲授法 （2）重点与难点：全媒体运营师工作内容	1
	1-2 职业道德基础知识	（1）道德与职业道德的概念 （2）职业道德的社会作用及表现形式 （3）全媒体运营师职业道德规范	职业道德基础知识	1）道德与职业道德的概念 ①道德的概念 ②职业道德的概念 2）职业道德的社会作用及表现形式 ①职业道德的社会作用 ②职业道德的表现形式 3）全媒体运营师职业道德规范	（1）方法：讲授法 （2）重点与难点：职业道德的社会作用及表现形式	2
	1-3 职业守则	全媒体运营从业人员职业守则	职业守则	1）坚持以人民为中心，确保正确舆论导向 2）深入一线调查研究，信息传播客观公正 3）发扬优良传统作风，全面提高综合素质 4）遵循媒体发展规律，不断创新持续改进 5）树立依法运营理念，遵纪守法严格自律 6）大力培养国际视野，积极展示良好形象	（1）方法：讲授法、案例教学法 （2）重点与难点：全媒体运营师职业守则	2
2. 全媒体基础知识	2-1 全媒体概述	（1）全媒体的概念 （2）全媒体的发展现状	全媒体概述	1）全媒体的概念 ①全媒体的含义 ②全媒体的特点 2）全媒体发展现状 ①全媒体的发展过程 ②全媒体的应用现状	（1）方法：讲授法 （2）重点与难点：全媒体的应用现状	1

续表

2.1.1 职业基本素质培训要求			2.2.1 职业基本素质培训课程规范			
职业基本素质模块（模块）	培训内容（课程）	培训细目	学习单元	课程内容	培训建议	课堂学时
2. 全媒体基础知识	2-2 全媒体平台概述	(1) 全媒体平台分类与特点 (2) 全媒体平台基本规则	(1) 全媒体平台分类与特点	1) 全媒体平台分类 ①音频类平台 ②视频类平台 ③社交类平台 ④自媒体类平台 ⑤问答类平台 2) 全媒体平台特点 ①音频类平台 ②视频类平台 ③社交类平台 ④自媒体类平台 ⑤问答类平台	(1) 方法：讲授法、演示法 (2) 重点与难点：全媒体平台分类及特点	1
			(2) 全媒体平台基本规则	1) 申请条件与方式 2) 发文规则 3) 审核机制	(1) 方法：讲授法、案例教学法 (2) 重点与难点：全媒体平台基本规则	1
	2-3 全媒体信息表现形式	(1) 全媒体信息类型 (2) 全媒体信息特点 (3) 全媒体信息文件格式	(1) 全媒体信息类型、含义及特点	1) 文本信息含义及特点 2) 图像信息含义及特点 3) 声音信息含义及特点 4) 视频信息含义及特点 5) 动画信息含义及特点 6) 网页信息含义及特点	(1) 方法：讲授法、演示法 (2) 重点与难点：全媒体信息各种类型的含义和特点	1
			(2) 全媒体信息文件格式	1) 文本文件格式：TXT、DOC、PDF 格式 2) 图形图像文件格式：AI、JPG、PSD、PNG 格式等 3) 音频文件格式：WAV、MP3 格式等 4) 视频文件格式：AVI、MOV、H.264、H.265、MPEG2、MPEG4 格式等 5) 动画文件格式：GIF、SWF、FLC 格式等 6) 网页文件格式：HTML 格式等	(1) 方法：讲授法、案例教学法 (2) 重点与难点：全媒体信息文件格式	1

附录

续表

2.1.1 职业基本素质培训要求			2.2.1 职业基本素质培训课程规范			
职业基本素质模块（模块）	培训内容（课程）	培训细目	学习单元	课程内容	培训建议	课堂学时
3．数据分析基础知识	3-1 数据分析概述	(1) 数据的概念、类型及来源 (2) 数据分析在运营中的作用	(1) 数据基础知识	1) 数据的概念 2) 数据的类型 ①流量数据 ②内容数据 ③受众数据 ④成本/收益数据 3) 数据来源类型 ①数据文件 ②数据库 ③外部公开数据 ④通过问卷或访谈获得的数据	(1) 方法：讲授法 (2) 重点：数据的类型 (3) 难点：数据来源类型	1
			(2) 数据分析的意义	1) 数据分析辅助运营决策 ①数据分析提高运营决策效率 ②数据分析提高运营决策正确性 2) 数据分析优化运营执行过程	(1) 方法：讲授法、案例教学法 (2) 重点与难点：数据分析辅助运营决策	1
	3-2 数据分析的工作流程	(1) 数据需求沟通要点 (2) 抽样工作方法	(1) 数据需求沟通	1) 业务需求沟通 ①了解需求产生的背景 ②明确需要解决的问题 ③沟通预期效果 2) 数据现状沟通 ①了解已有数据情况 ②制定数据采集规则 3) 数据与分析的关联性沟通 ①了解带有业务背景的数据 ②了解场景对数据的影响	(1) 方法：讲授法、案例教学法 (2) 重点：业务需求沟通 (3) 难点：数据与分析的关联性沟通	1
			(2) 抽样工作方法	1) 抽样概述 ①抽样的意义 ②抽样的原理 ③抽样的程序 ④样本规模 ⑤抽样误差	(1) 方法：讲授法 (2) 重点：抽样的原理、概率抽样 (3) 难点：样本规模、抽样误差	2

续表

2.1.1 职业基本素质培训要求			2.2.1 职业基本素质培训课程规范			
职业基本素质模块（模块）	培训内容（课程）	培训细目	学习单元	课程内容	培训建议	课堂学时
3．数据分析基础知识	3-2 数据分析的工作流程	（3）资料收集基础知识 （4）资料处理概述 （5）数据分析基础知识	（2）抽样工作方法	2）概率抽样 ①简单随机抽样 ②系统抽样 ③分层抽样 ④整群抽样 3）非概率抽样 ①偶遇抽样 ②立意抽样 ③配额抽样 ④滚雪球抽样		
			（3）资料收集与处理	1）资料收集的方法 ①自填问卷法 ②结构访谈法 ③系统采集法 2）资料收集工作技巧 ①给予被调查者报酬 ②争取被调查者的信任 ③创造有利于访谈的氛围 3）资料处理的任务 ①原始资料审核 ②将原始资料转化为数据 4）资料处理流程 ①审核与复查 ②编码录入 ③数据清理	（1）方法：讲授法 （2）重点：资料收集的方法	1
			（4）数据分析	1）数据分析理论模型 ① 4P 营销理论 ② 5W2H 分析法 ③ PEST 分析法 ④ SWOT 分析法 ⑤逻辑树 2）常见数据分析方法 ①多维分析 ②趋势分析 ③综合评价分析 ④转化分析 ⑤语义分析	（1）方法：讲授法 （2）重点：常见数据分析方法	1

续表

2.1.1 职业基本素质培训要求			2.2.1 职业基本素质培训课程规范			
职业基本素质模块（模块）	培训内容（课程）	培训细目	学习单元	课程内容	培训建议	课堂学时
3. 数据分析基础知识	3-2 数据分析的工作流程	（6）结论输出概述	（5）结论输出	1）结论输出的方式 ①数据分析报告 ②Excel 统计结果 ③数据 API 输出 ④数据结果返回数据库 ⑤数据结果集成到应用程序 2）常见图表类型 ①环形图 ②矩阵图 ③柱形图 ④线形图 ⑤文字云	（1）方法：讲授法、演示法 （2）重点：常见图表类型	1
4. 信息加工与选题策划基础知识	4-1 信息加工的基本概念	（1）信息加工的含义 （2）信息加工的特点 （3）信息加工的处理方法	（1）信息加工含义及特点	1）信息加工的含义 2）信息加工的特点 ①规范性 ②准确性 ③综合性	（1）方法：讲授法 （2）重点与难点：信息加工的含义	1
			（2）信息加工的处理方法	1）筛选 2）分类 3）粗加工 4）精加工 5）整合加工	（1）方法：讲授法、案例教学法 （2）重点与难点：信息加工的处理方法	1
	4-2 信息加工	（1）文本类信息加工 （2）图像类信息加工 （3）音频类信息加工	（1）文本类信息加工	1）文字编辑软件功能与操作 2）表格编辑软件功能与操作 3）文本编辑方法	（1）方法：讲授法、演示法、实训（练习）法 （2）重点与难点：文本编辑方法	1
			（2）图像类信息加工	1）图像软件功能与操作 2）图形软件功能与操作 3）图像编辑方法	（1）方法：讲授法、演示法、实训（练习）法 （2）重点与难点：图像编辑方法	2
			（3）音频类信息加工	1）音频类编辑软件功能与操作 2）音频格式转换软件功能与操作 3）音频编辑方法	（1）方法：讲授法、演示法、实训（练习）法 （2）重点与难点：音频编辑方法	1

续表

2.1.1 职业基本素质培训要求			2.2.1 职业基本素质培训课程规范			
职业基本素质模块（模块）	培训内容（课程）	培训细目	学习单元	课程内容	培训建议	课堂学时
4. 信息加工与选题策划基础知识	4-2 信息加工	(4) 视频类信息加工 (5) 多媒体信息加工	(4) 视频类信息加工	1) 视频类编辑软件功能与操作 2) 视频格式转换软件功能与操作 3) 视频编辑方法	(1) 方法：讲授法、演示法、实训（练习）法 (2) 重点与难点：视频编辑方法	2
			(5) 多媒体信息加工	1) 动画软件功能与操作 2) HTML 及相关软件功能与操作 3) 动画和网页处理方法	(1) 方法：讲授法、演示法、实训（练习）法 (2) 重点与难点：动画和网页处理方法	2
	4-3 选题策划基础知识	(1) 选题策划的概念 (2) 选题策划的基本原则 (3) 选题策划的基本方法	(1) 选题策划的概念	1) 选题策划的含义 2) 选题策划的分类 ①按功能分类 ②按媒介分类 3) 选题策划的特点	(1) 方法：讲授法 (2) 重点与难点：选题策划的分类及特点	1
			(2) 选题策划基本原则和方法	1) 选题策划基本原则 ①传播主流意识原则 ②服务受众原则 ③适应市场原则 ④创新原则 2) 选题策划基本方法 ①确立主题 ②选取恰当形式 ③创新核心内容 ④完善流程规范	(1) 方法：讲授法、案例教学法 (2) 重点与难点：选题策划的基本方法	1
5. 信息载体营销基础知识	5-1 市场营销基础知识	(1) 市场营销基本理论 (2) 市场营销环境	(1) 市场营销基本理论	1) 市场的概念 2) 营销的概念 3) 市场与受众的需求 4) 媒介平台受众价值挖掘 5) 以受众为导向的营销	(1) 方法：讲授法 (2) 重点与难点：以受众为导向的营销	2
			(2) 市场营销环境基础知识	1) 营销环境的概念 2) 微观的市场环境 3) 宏观的市场环境 4) 营销对市场环境的反应	(1) 方法：讲授法 (2) 重点与难点：营销对市场环境的反应	2

续表

2.1.1 职业基本素质培训要求			2.2.1 职业基本素质培训课程规范			
职业基本素质模块（模块）	培训内容（课程）	培训细目	学习单元	课程内容	培训建议	课堂学时
5. 信息载体营销基础知识	5-1 市场营销基础知识	(3) 消费者特征 (4) 消费者行为	(3) 消费者特征基础知识	1) 消费者的个性特征	(1) 方法：讲授法 (2) 重点与难点：消费者的个性特征	1
				2) 消费者的生活方式		
			(4) 消费者行为基础知识	1) 消费者行为概述	(1) 方法：讲授法 (2) 重点与难点：消费者购买行为特征	1
				2) 消费者感知行为特征		
				3) 消费者购买行为特征		
	5-2 信息载体营销内容	(1) 信息载体市场营销 (2) 信息载体目标市场定位 (3) 信息载体受众 (4) 信息载体营销策略	(1) 信息载体营销概述	1) 信息载体市场营销概述	(1) 方法：讲授法 (2) 重点与难点：信息载体市场细分标准	1
				2) 信息载体市场细分方法		
				3) 信息载体市场细分程序		
				4) 信息载体市场细分标准		
			(2) 信息载体目标市场定位	1) 信息载体目标市场选择	(1) 方法：讲授法 (2) 重点与难点：信息载体目标市场定位决策	1
				2) 信息载体目标市场定位决策		
			(3) 全媒体信息载体受众	1) 全媒体信息载体受众的概念	(1) 方法：讲授法 (2) 重点与难点：全媒体信息载体受众的特征	1
				2) 全媒体信息载体受众的特征		
			(4) 全媒体信息载体营销策略	1) 全媒体信息载体营销概念	(1) 方法：讲授法 (2) 重点与难点：全媒体信息载体营销基本方法	1
				2) 全媒体信息载体营销基本方法		
	5-3 信息载体营销管理	(1) 信息载体营销战略	(1) 信息载体营销战略	1) 信息载体营销战略概述	(1) 方法：讲授法 (2) 重点与难点：信息载体营销战略特征与构成	1
				2) 信息载体营销战略特征与构成		

续表

2.1.1 职业基本素质培训要求			2.2.1 职业基本素质培训课程规范			
职业基本素质模块（模块）	培训内容（课程）	培训细目	学习单元	课程内容	培训建议	课堂学时
5. 信息载体营销基础知识	5-3 信息载体营销管理	(2) 信息载体渠道管理 (3) 信息载体广告管理	(2) 信息载体渠道管理	1) 信息载体分销渠道概述 2) 信息载体分销渠道特点 3) 信息载体分销渠道开发 4) 信息载体分销渠道控制	(1) 方法：讲授法、案例教学法 (2) 重点与难点：信息载体分销渠道开发	1
			(3) 信息载体广告管理	1) 信息载体广告策略概述 2) 信息载体内嵌广告管理 3) 媒介平台策略广告管理	(1) 方法：讲授法、案例教学法 (2) 重点与难点：媒介平台策略广告管理	1
6. 数据监控基础知识	6-1 数据监控概述	(1) 数据监控的目的 (2) 数据监控的工作内容	数据监控概述	1) 数据监控目的 ①发现运营数据异动 ②跟踪舆情热点 ③为调整运营策略提供依据 2) 数据监控工作内容 ①实时运营数据跟踪 ②热点识别 ③舆情报警 ④舆情主题跟踪	(1) 方法：讲授法、案例教学法 (2) 重点与难点：数据监控工作内容	1
	6-2 数据监控系统	(1) 运营数据监控系统 (2) 舆情数据监控系统	(1) 运营数据监控系统	1) 运营数据监控的概念 2) 运营数据监控关键指标 ①流量类指标 ②营收类指标 ③活跃类指标	(1) 方法：讲授法 (2) 重点与难点：运营数据监控关键指标	1
			(2) 舆情数据监控系统	1) 舆情监控的概念 2) 舆情监控系统工作原理 ①元素提取 ②信息预处理 ③智能索引 ④信息检索	(1) 方法：讲授法 (2) 重点与难点：舆情监控系统工作原理	1

续表

2.1.1 职业基本素质培训要求			2.2.1 职业基本素质培训课程规范			
职业基本素质模块（模块）	培训内容（课程）	培训细目	学习单元	课程内容	培训建议	课堂学时
7. 协同运营基础知识	7-1 传播矩阵相关知识	（1）传播矩阵构建原则 （2）传播矩阵的构建方法 （3）传播矩阵的操作运营	（1）传播矩阵的构建	1）传播矩阵基础知识 ①媒介信息形式的划分 ②全媒体下的媒介平台 2）传播矩阵的构建原则 ①符合数据分析结果的原则 ②符合信息营销目标的原则	（1）方法：讲授法 （2）重点与难点：传播矩阵的构建原则	2
			（2）传播矩阵的运营	1）搭建不同媒介平台账号 2）匹配媒介信息到不同媒介平台	（1）方法：讲授法 （2）重点与难点：匹配媒介信息到不同媒介平台	2
	7-2 全媒体各端口基础知识	（1）全媒体端口概念类型 （2）全媒体各端口应用现状	全媒体各端口基础知识	1）全媒体各端口概念类型 ①垂直类媒体平台 ②社交类媒体平台 ③搜索引擎 ④自媒体平台 ⑤DSP广告类 2）全媒体各端口应用现状 ①各端口信息的表现形式 ②各端口功能特点	（1）方法：讲授法 （2）重点与难点：各端口功能特点	3
	7-3 传播受众分析相关知识	（1）传播学相关基础知识 （2）受众类型 （3）受众特点 （4）受众选择	（1）传播学基础知识	1）传播媒介 2）传播效果 3）传播应用	（1）方法：讲授法、演示法 （2）重点与难点：传播效果	1
			（2）受众分析基础知识	1）受众的类型 ①由传播渠道界定的受众 ②由传播内容界定的受众 2）受众的特点 ①受众的广泛性 ②受众的混杂性 ③受众的隐蔽性 3）受众的选择性行为 ①受众的选择性心理特点 ②受众的价值与权利	（1）方法：讲授法、演示法 （2）重点：受众的特点 （3）难点：受众的选择性行为	4

续表

2.1.1 职业基本素质培训要求			2.2.1 职业基本素质培训课程规范			
职业基本素质模块（模块）	培训内容（课程）	培训细目	学习单元	课程内容	培训建议	课堂学时
7．协同运营基础知识	7-4 信息管理系统基础知识	（1）信息管理系统的概念 （2）信息管理系统的应用	信息管理系统基础知识	1）信息管理系统概念 2）信息管理系统组成部分 3）信息管理系统的基础操作应用 ①数据信息分析基础操作 ②数据库的管理及应用	（1）方法：讲授法、演示法 （2）重点与难点：数据库的管理及应用	2
8．安全操作基础知识	8-1 计算机安全操作知识	（1）计算机病毒预防 （2）计算机安全操作规范	计算机安全操作知识	1）计算机病毒预防概述 2）计算机安全操作规范	（1）方法：讲授法、演示法 （2）重点与难点：计算机安全操作规范	1
	8-2 媒体平台安全管理技术	（1）身份认证技术 （2）数据加密技术	媒体平台安全管理技术	1）身份认证技术 2）数据加密技术	（1）方法：讲授法、演示法 （2）重点与难点：数据加密技术	1
9．相关法律、法规知识	相关法律、法规知识	（1）《中华人民共和国宪法》相关知识 （2）《中华人民共和国民法典》相关知识 （3）《中华人民共和国网络安全法》相关知识 （4）《中华人民共和国电子商务法》相关知识 （5）《中华人民共和国密码法》相关知识 （6）《中华人民共和国著作权法》相关知识 （7）《中华人民共和国广告法》相关知识 （8）《中华人民共和国国家通用语言文字法》相关知识 （9）《网络信息内容生态治理规定》相关知识	相关法律、法规知识	1）《中华人民共和国宪法》相关知识 2）《中华人民共和国民法典》相关知识 3）《中华人民共和国网络安全法》相关知识 4）《中华人民共和国电子商务法》相关知识 5）《中华人民共和国密码法》相关知识 6）《中华人民共和国著作权法》相关知识 7）《中华人民共和国广告法》相关知识 8）《中华人民共和国国家通用语言文字法》相关知识 9）《网络信息内容生态治理规定》相关知识	（1）方法：讲授法、案例教学法 （2）重点与难点：《中华人民共和国网络安全法》《网络信息内容生态治理规定》相关知识	2
课堂学时合计						64

附录

附录2 三级/高级职业技能培训要求与课程规范对照表

2.1.2 三级/高级职业技能培训要求				2.2.2 三级/高级职业技能培训课程规范			
职业功能模块（模块）	培训内容（课程）	技能目标	培训细目	学习单元	课程内容	培训建议	课堂学时
1. 数据分析	1-1 获取数据	1-1-1 能获取媒体数据	(1) 获取媒体流量数据 (2) 获取媒体内容数据	(1) 媒体流量数据获取	1) 媒体流量数据概述 ①流量数据的定义 ②流量数据来源 ③流量数据指标	(1) 方法：讲授法、演示法、实训（练习）法 (2) 重点与难点：微信、微博流量数据获取方法	1
					2) 媒体流量数据获取方法 ①微信流量数据获取方法 ②微博流量数据获取方法 ③Web流量数据获取方法 ④App流量数据获取方法 ⑤利用外部工具获取媒体流量数据		
				(2) 媒体内容数据获取	1) 媒体内容数据概述 ①媒体内容数据的定义 ②媒体内容数据指标	(1) 方法：讲授法、演示法、实训（练习）法 (2) 重点与难点：媒体内容数据获取方法	1
					2) 媒体内容数据获取方法 ①内容质量数据获取方法 ②SEO类数据获取方法 ③内容流量数据获取方法 ④内容互动数据获取方法		

续表

2.1.2 三级/高级职业技能培训要求				2.2.2 三级/高级职业技能培训课程规范			
职业功能模块（模块）	培训内容（课程）	技能目标	培训细目	学习单元	课程内容	培训建议	课堂学时
1. 数据分析	1-1 获取数据	1-1-2 能获取受众数据	（1）获取受众行为数据 （2）获取受众态度数据	（3）受众行为数据获取	1）受众行为数据概述 ①受众行为数据的定义 ②受众行为数据指标	（1）方法：讲授法、演示法、实训（练习）法 （2）重点与难点：用户留存数据获取方法	1
					2）受众行为数据获取方法 ①用户留存数据获取方法 ②用户消费数据获取方法 ③用户活跃度数据获取方法		
				（4）受众态度数据获取	1）受众态度数据概述 ①受众态度数据的定义 ②受众态度数据指标	（1）方法：讲授法、演示法、实训（练习）法 （2）重点与难点：问卷调查法	2
					2）受众态度数据获取方法 ①问卷调查法 ②访谈法 ③评论区数据获取		
	1-2 整理数据	1-2-1 能录入数据	（1）数据编码 （2）数据录入	（1）数据录入方法	1）原始资料编码 ①确定答案代码 ②确定问题栏码 ③编写编码手册	（1）方法：讲授法、演示法、实训（练习）法 （2）重点与难点：编写编码手册	1
					2）数据录入方法 ①直接录入法 ②转录法		

103

附录

续表

2.1.2 三级/高级职业技能培训要求				2.2.2 三级/高级职业技能培训课程规范			
职业功能模块（模块）	培训内容（课程）	技能目标	培训细目	学习单元	课程内容	培训建议	课堂学时
1.数据分析	1-2 整理数据	1-2-2 能清洗数据	(1) 识别需要清洗的数据 (2) 处理缺失值、异常值、重复值	(2) 数据清洗方法	1) 数据清洗概述 ①数据清洗的定义 ②需要清洗的数据类型 2) 缺失值处理方法 ①丢弃法 ②补全法 ③真值转换法 3) 异常值处理方法 ①保留伪异常值 ②丢弃真异常值 4) 重复值处理方法 ①去重法 ②重复值的利用	(1) 方法：讲授法、演示法、实训（练习）法 (2) 重点与难点：缺失值处理方法、异常值处理方法	1
		1-2-3 能可视化呈现数据	(1) 编制数据可视化方案	(3) 数据可视化处理	1) 编制不同应用场景中的数据可视化方案 ①编制对比分析中的数据可视化方案 ②编制成分分析中的数据可视化方案 ③编制趋势分析中的数据可视化方案 ④编制转化率分析中的数据可视化方案 ⑤编制词频分析中的数据可视化方案	(1) 方法：讲授法、演示法、实训（练习）法 (2) 重点与难点：数据可视化处理	2

三级／高级职业技能培训要求与课程规范对照表

续表

2.1.2 三级/高级职业技能培训要求				2.2.2 三级/高级职业技能培训课程规范			
职业功能模块（模块）	培训内容（课程）	技能目标	培训细目	学习单元	课程内容	培训建议	课堂学时
1．数据分析	1-2 整理数据	1-2-3 能可视化呈现数据	（2）制作数据图表	（3）数据可视化处理	2）数据图表的制作方法 ①利用EXCEL制作图表 ②利用WORD-ART制作文字云图		
2．信息内容加工	2-1 图文内容策划与加工	2-1-1 能策划图文内容信息	（1）确定标题 （2）选择与文字相关的图片、表格	（1）图文选题策划	1）确立图文选题 2）文本标题策划 ①信息热度筛选 ②受众需求筛选 ③主旨明确	（1）方法：讲授法、案例教学法 （2）重点与难点：确立图文选题、文本标题策划	1
				（2）图文内容策划	1）图文内容策划流程 2）图文内容筛选 ①热点图文信息筛选 ②受众偏好图文信息筛选 ③阶段性图文信息筛选 ④历史文献类图文信息筛选 3）图文内容的合法合规检查	（1）方法：讲授法、演示法 （2）重点与难点：图文内容筛选	1
				（3）图文版面策划	1）图文混合版面组合 ①图片与文字的距离 ②图片与文字的布局 ③图片与文字的统一 ④图片中文字的处理	（1）方法：讲授法、案例教学法 （2）重点与难点：图文混合版面组合	2

附录

续表

2.1.2 三级/高级职业技能培训要求				2.2.2 三级/高级职业技能培训课程规范			
职业功能模块（模块）	培训内容（课程）	技能目标	培训细目	学习单元	课程内容	培训建议	课堂学时
2. 信息内容加工	2-1 图文内容策划与加工	2-1-1 能策划图文内容信息	（3）策划图文版面	（3）图文版面策划	2）表格文本组合 ①表格与文字的布局 ②表格与文字的统一 ③表格中文字的处理		
		2-1-2 能加工图文内容信息	（1）文本内容的加工 （2）图表内容的加工 （3）图片内容的加工 （4）图文混合内容的加工	（4）文本内容加工	1）文本内容录入 2）文本格式设置 3）文本版面设置	（1）方法：讲授法、演示法、实训（练习）法 （2）重点与难点：文本版面设置	1
				（5）图表内容加工	1）图表编辑 2）图表生成 3）图表修饰	（1）方法：讲授法、演示法、实训（练习）法 （2）重点与难点：图表修饰	2
				（6）图片内容加工	1）图片剪裁 2）图片修饰 3）图片润色	（1）方法：讲授法、演示法、实训（练习）法 （2）重点与难点：图片润色	3
				（7）图文混合内容加工	1）图文编辑 2）图文匹配 3）图文混排	（1）方法：讲授法、演示法、实训（练习）法 （2）重点与难点：图文混排	2
	2-2 音视频、动画信息策划与加工	2-2-1 能策划音视频、动画信息	（1）编写音频脚本 （2）编写视频、动画脚本	（1）音频信息策划	1）音频脚本的编写 2）音频素材的选择 ①音频素材类型 ②音频素材格式	（1）方法：讲授法、演示法 （2）重点：音频素材的选择 （3）难点：音频脚本的编写	2

续表

2.1.2 三级/高级职业技能培训要求				2.2.2 三级/高级职业技能培训课程规范			
职业功能模块（模块）	培训内容（课程）	技能目标	培训细目	学习单元	课程内容	培训建议	课堂学时
2. 信息内容加工	2-2 音视频、动画信息策划与加工	2-2-1 能策划音视频、动画信息	（3）对音频素材进行分类选择 （4）对视频、动画素材进行分类选择	（1）音频信息策划	3）音频素材的应用 ①热点音频素材 ②合规音频素材	（1）方法：讲授法、演示法 （2）重点：视频、动画素材的选择 （3）难点：视频、动画脚本的编写	2
				（2）视频、动画信息策划	1）视频、动画脚本的编写 2）视频、动画素材的选择 ①视频、动画素材类型 ②视频、动画素材格式 3）视频、动画素材的应用 ①热点视频、动画素材 ②合规视频、动画素材		
		2-2-2 能加工音视频、动画信息	（1）对音频内容进行粗剪 （2）对音频进行音质和音效处理 （3）对视频、动画内容进行粗剪 （4）对视频、动画进行效果处理	（3）音频信息加工	1）音频剪辑 2）音频降噪、去杂等音质处理 3）音频混响、均衡等音效修饰 4）音频格式标准输出	（1）方法：讲授法、演示法、实训（练习）法 （2）重点：音频剪辑 （3）难点：音频混响、均衡等音效修饰	4
				（4）视频、动画信息加工	1）视频、动画剪辑 2）音画匹配 3）字幕修饰 4）视频、动画效果处理 5）视频、动画格式标准输出	（1）方法：讲授法、演示法、实训（练习）法 （2）重点：视频、动画剪辑 （3）难点：视频、动画效果处理	6
3. 信息载体营销	3-1 信息载体站内推送与站外分发	3-1-1 能进行信息载体站内推送	（1）提交信息载体推送的加工需求	（1）信息载体站内推送准备	信息载体发布与推送流程概述	（1）方法：讲授法、演示法 （2）重点与难点：信息载体发布与推送流程	1

续表

2.1.2 三级/高级职业技能培训要求				2.2.2 三级/高级职业技能培训课程规范			
职业功能模块（模块）	培训内容（课程）	技能目标	培训细目	学习单元	课程内容	培训建议	课堂学时
3. 信息载体营销	3-1 信息载体站内推送与站外分发	3-1-1 能进行信息载体站内推送	(2) 对站内信息载体进行分类与标注	(2) 信息载体推送选题	1) 站内图文信息加工的报题选择 ①调取站内图文受众流量数据 ②站内图文信息加工需求表单填写规范 2) 站内音视频、动画信息加工的报题选择 ①调取站内音视频、动画受众流量数据 ②站内音视频、动画信息加工需求表单填写规范	(1) 方法：讲授法、演示法 (2) 重点与难点：调取站内图文受众流量数据	1
				(3) 信息载体分类	信息载体分类方法 ①新闻资讯类信息载体划分 ②生活娱乐类信息载体划分 ③教育科技类信息载体划分	(1) 方法：讲授法、演示法 (2) 重点：信息载体分类方法 (3) 难点：根据数据进行信息载体分类	1
				(4) 信息载体标注	信息载体属性标注方法 ①依据地域属性对信息载体进行标注 ②依据分类属性对信息载体进行标注 ③依据受众偏好对信息载体进行标注	(1) 方法：讲授法、演示法 (2) 重点：信息载体属性标注方法 (3) 难点：依据受众偏好对信息载体进行标注	1

续表

2.1.2 三级/高级职业技能培训要求				2.2.2 三级/高级职业技能培训课程规范			
职业功能模块（模块）	培训内容（课程）	技能目标	培训细目	学习单元	课程内容	培训建议	课堂学时
3. 信息载体营销	3-1 信息载体站内推送与站外分发	3-1-1 能进行信息载体站内推送	（3）提交站内信息载体推送计划	（5）提出站内信息推送计划	1）提出一般信息推送计划 ①选题与加工报题 ②历史信息二次及以上选题与加工报题 ③一般信息推送计划表单填写规范 2）提出实时热点信息推送计划 ①调取站内实时热点信息流量统计数据 ②提出热点信息加工需求 ③热点信息推送计划表单填写规范	（1）方法：讲授法、演示法 （2）重点：提出一般信息推送计划 （3）难点：历史信息二次及以上选题与加工报题	2
				（6）阶段性分析数据提取	1）提出图文信息推送效果分析需求 ①阶段性受众流量分析数据需求 ②阶段性信息内容流量分析数据需求 ③阶段性图文信息推送分析数据需求表单填写 2）提出音视频、动画信息推送效果分析需求 ①阶段性受众流量分析数据需求 ②阶段性信息内容流量分析数据需求 ③阶段性音视频、动画信息推送分析数据需求表单填写	（1）方法：讲授法、演示法 （2）重点与难点：提出阶段性受众流量分析数据需求	1

附录

续表

2.1.2 三级/高级职业技能培训要求				2.2.2 三级/高级职业技能培训课程规范			
职业功能模块（模块）	培训内容（课程）	技能目标	培训细目	学习单元	课程内容	培训建议	课堂学时
3．信息载体营销	3-1 信息载体站内推送与站外分发	3-1-1 能进行信息载体站内推送	（4）反馈站内信息推送效果	（7）整理与提交阶段性信息推送效果数据	1) 图文信息受众完成率数据整理 2) 音视频、动画信息受众完成率数据整理 3) 阶段性信息推送效果数据汇总规范	（1）方法：讲授法、演示法 （2）重点与难点：阶段性信息推送效果数据汇总	1
		3-1-2 能进行信息载体站外分发	（1）对站外受众进行标注 （2）提交站外分发信息载体加工需求	（8）提出站外受众流量数据提取需求	1) 图文信息流量数据需求 2) 音视频、动画信息流量数据需求 3) 站外受众流量数据需求表单的填写	（1）方法：讲授法、演示法、实训（练习）法 （2）重点与难点：音视频、动画信息流量数据需求	1
				（9）站外受众偏好属性数据收集与标注	1) 站外受众数据整理 ①传播矩阵账号浏览受众数据整理 ②站外分发信息浏览受众数据整理 2) 站外受众偏好方向划分与标注规范 ①传播矩阵账号图文信息方向受众标注 ②传播矩阵账号音视频、动画信息方向受众标注	（1）方法：讲授法、演示法、实训（练习）法 （2）重点与难点：传播矩阵账号音视频、动画信息方向受众标注	1

110

续表

2.1.2 三级/高级职业技能培训要求				2.2.2 三级/高级职业技能培训课程规范			
职业功能模块（模块）	培训内容（课程）	技能目标	培训细目	学习单元	课程内容	培训建议	课堂学时
3.信息载体营销	3-1 信息载体站内推送与站外分发	3-1-2 能进行信息载体站外分发	（3）提交站外热点信息载体分发计划	（10）站外信息载体分发准备与选题报题	1）站外图文信息加工的报题选择 ①调取站外图文信息流量数据 ②站外图文信息加工报题表单填写规范	（1）方法：讲授法、演示法 （2）重点与难点：站外音视频、动画信息加工报题表单填写	4
					2）站外音视频、动画信息加工的报题选择 ①调取站外音视频、动画信息流量数据 ②站外音视频、动画信息加工报题表单填写规范		
				（11）提取站外实时热点信息监控数据	1）提出站外媒体平台实时热点信息浏览监控数据调取需求 2）实时热点信息调取表单填写规范	（1）方法：讲授法、演示法 （2）重点与难点：实时热点信息调取表单填写	1
				（12）制订站外热点信息载体分发计划	1）目标媒体平台信息分发流程 2）目标媒体平台信息分发计划表单填写规范	（1）方法：讲授法、演示法 （2）重点与难点：目标媒体平台信息分发计划表单填写	1
				（13）站外分发信息跟踪数据整理	1）站外图文信息跟踪数据提取需求 ①受众跟踪数据提取 ②信息跟踪数据提取 ③提取需求表单填写规范	（1）方法：讲授法、演示法 （2）重点与难点：站外音视频、动画信息跟踪数据提取需求表单填写	1

续表

2.1.2 三级/高级职业技能培训要求				2.2.2 三级/高级职业技能培训课程规范			
职业功能模块（模块）	培训内容（课程）	技能目标	培训细目	学习单元	课程内容	培训建议	课堂学时
3. 信息载体营销	3-1 信息载体站内推送与站外分发	3-1-2 能进行信息载体站外分发	（4）跟踪站外信息载体分发效果	（13）站外分发信息跟踪数据整理	2) 站外音视频、动画信息跟踪数据提取需求 ① 受众跟踪数据提取 ② 信息跟踪数据提取 ③ 提取需求表单填写规范		
	3-2 信息载体多渠道传播矩阵营销	3-2-1 能运用传播矩阵进行信息载体推送	（1）多平台传播矩阵账号受众标注 （2）多平台传播矩阵账号推送信息载体选题报题	（1）多平台矩阵账号受众数据提取	1) 图文信息流量数据提取需求 2) 音视频、动画信息流量数据提取需求 3) 矩阵账号数据提取需求表单填写规范	（1）方法：讲授法、演示法 （2）重点与难点：矩阵账号数据提取需求表单填写	1
				（2）多平台矩阵账号受众偏好标注	1) 图文内容方向数据标注 2) 音视频、动画内容方向数据标注 3) 矩阵账号数据标注	（1）方法：讲授法、演示法 （2）重点与难点：矩阵账号图文内容方向数据标注	1
				（3）目标平台矩阵账号信息推送加工选题报题	1) 图文信息加工的选题报题 ① 图文信息浏览跟踪数据提取 ② 图文信息加工需求表单填写规范 2) 音视频、动画信息加工的选题报题 ① 音视频、动画信息浏览跟踪数据提取 ② 音视频、动画信息加工需求表单填写规范	（1）方法：讲授法、演示法 （2）重点与难点：多平台矩阵账号信息推送选题规范	2

续表

2.1.2 三级/高级职业技能培训要求				2.2.2 三级/高级职业技能培训课程规范			
职业功能模块（模块）	培训内容（课程）	技能目标	培训细目	学习单元	课程内容	培训建议	课堂学时
3. 信息载体营销	3-2 信息载体多渠道传播矩阵营销	3-2-1 能运用传播矩阵进行信息载体推送	（3）提交多平台传播矩阵账号信息推送计划	（3）目标平台矩阵账号信息推送加工选题报题	3）多平台矩阵账号信息推送选题规范 ①多平台信息载体推送流程 ②不同媒体平台信息载体接收标准		
				（4）多平台矩阵账号一般信息推送计划	1）调取矩阵账号一般信息流量数据 2）提出矩阵账号一般信息加工需求 3）矩阵账号一般信息推送计划表单填写规范	（1）方法：讲授法、演示法 （2）重点与难点：提出矩阵账号一般信息加工需求	1
				（5）多平台矩阵账号热点信息推送计划	1）调取矩阵账号实时热点信息流量数据 2）提出矩阵账号热点信息加工需求 3）矩阵账号热点信息推送计划表单填写规范	（1）方法：讲授法、演示法 （2）重点与难点：提出矩阵账号热点信息加工需求	1
				（6）多平台矩阵账号推送信息跟踪数据整理	1）提取图文信息推送效果的监控数据 ①受众点击浏览跟踪数据提取 ②信息内容跟踪数据提取 ③矩阵账号图文信息推送效果跟踪数据提取表单填写规范	（1）方法：讲授法、演示法 （2）重点与难点：信息内容跟踪数据提取	4

续表

2.1.2 三级/高级职业技能培训要求				2.2.2 三级/高级职业技能培训课程规范			
职业功能模块（模块）	培训内容（课程）	技能目标	培训细目	学习单元	课程内容	培训建议	课堂学时
3. 信息载体营销	3-2 信息载体多渠道传播矩阵营销	3-2-1 能运用传播矩阵进行信息载体推送	（4）多平台传播矩阵账号信息推送效果跟踪	（6）多平台矩阵账号推送信息跟踪数据整理	2）提取音视频、动画信息推送效果的监控数据 ①受众分析数据需求 ②内容分析数据需求		
		3-2-2 能多次分发信息载体	（1）外链平台渠道数据收集整理 （2）外链渠道信息载体多次分发准备	（7）外链平台渠道信息收集	1）资讯类媒体渠道信息收集 2）生活娱乐类媒体渠道信息收集 3）教育科技类媒体渠道信息收集	（1）方法：讲授法、演示法、实训（练习）法 （2）重点与难点：不同媒体渠道信息的收集	2
				（8）外链平台渠道接收信息数据标准	1）不同媒体平台图文信息接收标准与流程记录 2）不同媒体平台音视频、动画信息接收标准与流程记录	（1）方法：讲授法、演示法、实训（练习）法 （2）重点：外链平台渠道接收信息的标准与流程 （3）难点：不同媒体平台音视频、动画信息接收标准与流程记录	2
				（9）多次分发信息载体的外链渠道准备	1）目标媒体平台频道资源信息调取 2）目标媒体平台栏目资源信息调取	（1）方法：讲授法、演示法 （2）重点与难点：目标媒体平台栏目资源信息调取	1
				（10）外链渠道多次分发信息载体准备	1）目标媒体平台渠道受众数据调取 ①目标媒体平台频道受众资源数据调取 ②目标媒体平台栏目受众资源数据调取	（1）方法：讲授法、演示法 （2）重点与难点：目标媒体平台栏目受众资源数据调取	1

续表

2.1.2 三级/高级职业技能培训要求				2.2.2 三级/高级职业技能培训课程规范			
职业功能模块（模块）	培训内容（课程）	技能目标	培训细目	学习单元	课程内容	培训建议	课堂学时
3. 信息载体营销	3-2 信息载体多渠道传播矩阵营销	3-2-2 能多次分发信息载体	（3）外链渠道信息载体多次分发与效果跟踪	（10）外链渠道多次分发信息载体准备	2）多次分发信息载体准备 ①图文信息载体准备 ②音视频、动画信息载体准备		
				（11）信息载体多次分发	信息载体多次分发依据 ①整合外链媒体平台提出的发布需求 ②信息载体点击浏览统计数据	（1）方法：讲授法、演示法 （2）重点与难点：整合外链媒体平台提出的发布需求	1
				（12）信息载体多次分发效果跟踪	外链渠道信息多次分发效果跟踪数据整理 ①受众评估数据整理 ②内容点击评估数据整理	（1）方法：讲授法、演示法 （2）重点与难点：内容点击评估数据整理	1
	3-3 信息增值营销	3-3-1 能推送站内平台广告植入信息	（1）根据站内资源进行广告植入信息推送	（1）站内广告植入信息分类推送	1）站内频道与栏目广告资源调取 ①站内广告植入信息投放计划表单填写 ②站内广告植入信息投放执行表单填写 2）站内广告植入信息推送 ①按照站内广告植入信息投放计划表单推送 ②按照站内广告投放资源推送	（1）方法：讲授法、演示法 （2）重点：站内广告植入信息分类推送 （3）难点：按照站内广告投放资源推送	2

续表

2.1.2 三级/高级职业技能培训要求					2.2.2 三级/高级职业技能培训课程规范			
职业功能模块（模块）	培训内容（课程）	技能目标	培训细目	学习单元	课程内容	培训建议	课堂学时
3. 信息载体营销	3-3 信息增值营销	3-3-1 能推送站内平台广告植入信息	（2）根据受众偏好进行广告植入信息推送	（2）广告植入信息与站内受众匹配	1）站内受众偏好数据调取 ①站内受众广告点击率数据调取 ②站内受众广告观看完成率数据调取 ③受众数据调取规范 2）依据站内受众偏好数据提出广告投放需求 ①提出图文广告投放需求 ②提出音视频、动画广告投放需求	（1）方法：讲授法、演示法 （2）重点与难点：依据站内受众偏好数据提出广告投放需求	2
		3-3-2 能分发站外广告植入信息	（1）目标媒体平台广告信息投放	（3）目标媒体平台广告投放	1）目标媒体平台广告投放资源数据调取 ①目标媒体平台频道资源数据调取 ②目标媒体平台栏目资源数据调取 ③目标媒体平台广告资源数据调取表单填写规范 2）依据资源数据进行目标媒体平台广告投放 ①目标媒体平台广告投放申请流程 ②目标媒体平台广告投放标准	（1）方法：讲授法、演示法 （2）重点：依据资源数据进行目标媒体平台广告投放 （3）难点：目标媒体平台广告投放标准	4

续表

2.1.2 三级/高级职业技能培训要求				2.2.2 三级/高级职业技能培训课程规范			
职业功能模块（模块）	培训内容（课程）	技能目标	培训细目	学习单元	课程内容	培训建议	课堂学时
3. 信息载体营销	3-3 信息增值营销	3-3-2 能分发站外广告植入信息	(2) 站外媒体平台广告投放效果跟踪	(4) 站外广告投放数据收集	1) 提出站外广告投放信息数据需求 ①受众点击率数据需求 ②观看完成率数据需求 2) 提出站外广告投放满意度数据需求 ①受众反馈数据需求 ②广告商品销售数据需求	(1) 方法：讲授法、演示法 (2) 重点与难点：提出统计观看完成率数据、广告商品销售数据需求	4
4. 数据监控	4-1 数据监控系统设置	4-1-1 能设置数据监控对象	(1) 设置全网数据监控对象 (2) 设置定向数据监控对象	(1) 全网监控对象设置	1) 全网监控对象的范围 ①新闻网站 ②论坛 ③社区 ④微博 ⑤博客 ⑥微信公众号 ⑦境外中文网站 2) 全网监控对象设置方法 ①地域关键词设置 ②人物关键词设置 ③事件关键词设置 ④关键词排除	(1) 方法：讲授法、演示法、实训（练习）法 (2) 重点与难点：全网监控对象设置方法	1
				(2) 定向监控对象设置	1) 定向监控范围 ①特定行业 ②特定信息源 2) 定向监控设置方法 ①设置的原则 ②设置的操作流程	(1) 方法：讲授法、演示法、实训（练习）法 (2) 重点与难点：定向监控设置方法	1

续表

2.1.2 三级/高级职业技能培训要求				2.2.2 三级/高级职业技能培训课程规范			
职业功能模块（模块）	培训内容（课程）	技能目标	培训细目	学习单元	课程内容	培训建议	课堂学时
4. 数据监控	4-1 数据监控系统设置	4-1-2 能设置数据监控参数	(1) 设置基础监控参数 (2) 设置预警监控参数	(3) 基础监控参数设置	1) 基础监控参数类别 ①信息列表 ②噪声过滤 2) 信息列表设置方法 3) 噪声过滤设置方法	(1) 方法：讲授法、演示法、实训（练习）法 (2) 重点与难点：信息列表设置方法	1
				(4) 预警参数设置	1) 预警参数类别 ①预警条件 ②预警方式 ③预警时间 2) 预警条件设置方法 3) 预警方式设置方法 4) 预警时间设置方法	(1) 方法：讲授法、演示法、实训（练习）法 (2) 重点与难点：预警条件设置方法	2
	4-2 实时数据监控	4-2-1 能报告数据异动	(1) 查看监测数据 (2) 判断数据异动类型 (3) 发送预警信息	(1) 报告数据异动	1) 常见数据异动类型 ①业务数据异动 ②竞品数据异动 ③舆情数据异动 2) 报告数据异动的流程 ①查看监测数据 ②判断数据异动类型 ③向相关部门发送预警信息	(1) 方法：讲授法、演示法、实训（练习）法 (2) 重点与难点：判断数据异动类型	1

二级／技师职业技能培训要求与课程规范对照表

续表

2.1.2 三级/高级职业技能培训要求				2.2.2 三级/高级职业技能培训课程规范			
职业功能模块（模块）	培训内容（课程）	技能目标	培训细目	学习单元	课程内容	培训建议	课堂学时
4．数据监控	4-2 实时数据监控	4-2-2 能生成实时监控报告	（1）制作实时监控报告模板（2）导出实时监控报告	（2）生成实时监控报告	1）设置监控数据报告模板的参数 ①根据成本、任务设置参数个数 ②根据产品确定参数 2）自定义监控报告模板的方法 ①自定义监控报告的维度 ②生成自定义监控报告模板 3）生成实时监控报告的方法 ①汇总监控报告素材 ②填写监控报告基本信息 ③查看、检索、下载及分享监控报告	（1）方法：讲授法、演示法、实训（练习）法（2）重点与难点：自定义监控报告的维度、汇总监控报告素材	2
课堂学时合计							90

附录3 二级／技师职业技能培训要求与课程规范对照表

2.1.3 二级/技师职业技能培训要求				2.2.3 二级/技师职业技能培训课程规范			
职业功能模块（模块）	培训内容（课程）	技能目标	培训细目	学习单元	课程内容	培训建议	课堂学时
1．数据分析	1-1 分析媒体和受众数据	1-1-1 能制订数据获取方案	（1）确定数据分析指标体系（2）制订数据获取方案	（1）制订数据获取方案	1）数据分析指标体系具体内容 ①流量类指标 ②内容类指标 ③受众类指标 2）制订数据获取方案的流程 ①定义数据分析目标 ②确定数据分析指标 ③确定数据获取方法	（1）方法：讲授法、案例教学法（2）重点与难点：数据分析指标体系具体内容	2

续表

2.1.3 二级/技师职业技能培训要求				2.2.3 二级/技师职业技能培训课程规范			
职业功能模块（模块）	培训内容（课程）	技能目标	培训细目	学习单元	课程内容	培训建议	课堂学时
1. 数据分析	1-1 分析媒体和受众数据	1-1-2 能分析媒体数据	(1) 分析流量数据 (2) 分析内容数据	(2) 流量数据分析	1) 流量数据分析方法 ①流量来源分析 ②虚假流量分析 ③跳出率分析 ④流量波动常见原因分析	(1) 方法：讲授法、案例教学法 (2) 重点与难点：流量数据分析方法	4
					2) 流量数据分析工具 ①Adobe Analytics ②Webtrekk Suite ③Webtrends ④Google Analytics ⑤百度统计		
				(3) 内容数据分析	1) 内容数据分析模型 ①情感分析模型 ②搜索优化模型 ③文章关键字模型 ④主题模型 ⑤垃圾信息检测模型	(1) 方法：讲授法、案例教学法 (2) 重点与难点：内容数据分析方法	4
					2) 内容数据分析方法 ①内容展示数据分析 ②内容转化数据分析 ③内容黏性数据分析 ④内容的扩散与分享数据分析		

续表

2.1.3 二级/技师职业技能培训要求				2.2.3 二级/技师职业技能培训课程规范			
职业功能模块（模块）	培训内容（课程）	技能目标	培训细目	学习单元	课程内容	培训建议	课堂学时
1. 数据分析	1-1 分析媒体和受众数据	1-1-3 能分析受众数据	(1) 确定受众数据分析模型 (2) 分析受众数据	(4) 受众数据分析	1) 受众数据分析模型 ①受众细分模型 ②受众活跃度模型 ③受众价值度模型 ④受众流失预测模型 ⑤受众特征模型 2) 受众数据分析方法 ①受众留存分析 ②受众生命周期分析 ③受众黏度分析 ④受众偏好分析 ⑤受众态度分析	(1) 方法：讲授法、案例教学法 (2) 重点与难点：受众数据分析方法	2
	1-2 评估媒体运营匹配的精准性	1-2-1 能评估媒体运营匹配的精准性	(1) 确定媒体运营匹配精准性标准 (2) 评估媒体运营匹配的精准性	(1) 媒体运营匹配精准性评价	1) 媒体运营匹配精准性评价标准 2) 媒体运营匹配精准性评估方法 ①流失率 ②传播率 ③转化率 ④好评率	(1) 方法：讲授法、实训（练习）法 (2) 重点与难点：媒体运营匹配精准性评估方法	1
		1-2-2 能撰写媒体运营匹配的精准性评估报告	(1) 确定评估报告内容	(2) 媒体运营匹配精准性评估报告撰写方法	1) 媒体运营匹配精准性评估报告内容 ①评估目标 ②评估指标 ③结果与分析 ④指导建议	(1) 方法：讲授法、实训（练习）法 (2) 重点与难点：媒体运营匹配精准性评估报告内容	1

续表

2.1.3 二级/技师职业技能培训要求				2.2.3 二级/技师职业技能培训课程规范			
职业功能模块（模块）	培训内容（课程）	技能目标	培训细目	学习单元	课程内容	培训建议	课堂学时
1．数据分析	1-2 评估媒体运营匹配的精准性	1-2-2 能撰写媒体运营匹配的精准性评估报告	（2）撰写评估报告	（2）媒体运营匹配精准性评估报告撰写方法	2）媒体运营匹配精准性评估报告撰写步骤 ①建立评价指标体系 ②调取评估数据 ③选择数据展示方式		
	1-3 评估信息传播匹配的精准性	1-3-1 能评估信息传播的匹配精准性	（1）确定信息传播匹配精准性标准 （2）评估信息传播匹配的精准性	（1）信息传播匹配精准性评价	1）信息传播匹配精准性评估标准 2）信息传播匹配精准性评估指标 ①SEO流量 ②SEM流量 ③PV、UV ④转发量与层级 ⑤关键用户画像 ⑥用户态度	（1）方法：讲授法、实训（练习）法 （2）重点与难点：信息传播匹配精准性评估标准	1
		1-3-2 能撰写信息传播匹配的精准性评估报告	（1）确定评估报告内容 （2）撰写信息传播匹配精准性评估报告	（2）信息传播匹配精准性评估报告撰写方法	1）信息传播匹配精准性评估报告内容 2）撰写信息传播匹配精准性评估报告的步骤 ①建立评价指标体系 ②调取评估数据 ③选择数据展示方式	（1）方法：讲授法、实训（练习）法 （2）重点与难点：撰写信息传播匹配精准性评估报告的步骤	1
2．信息内容加工	2-1 信息内容筛选与加工策划	2-1-1 能制订信息内容筛选方案	（1）编写图文信息内容筛选方案	（1）图文信息内容筛选方案编写	1）确定图文信息内容筛选方向和类型 ①流量类 ②内容类 ③受众类	（1）方法：讲授法、演示法、案例教学法	1

122

续表

2.1.3 二级/技师职业技能培训要求				2.2.3 二级/技师职业技能培训课程规范			
职业功能模块（模块）	培训内容（课程）	技能目标	培训细目	学习单元	课程内容	培训建议	课堂学时
2. 信息内容加工	2-1 信息内容筛选与加工策划	2-1-1 能制订信息内容筛选方案	（2）编写音视频信息内容筛选方案	（1）图文信息内容筛选方案编写	2）图文信息内容筛选相关要素分析 ①信息内容主题 ②信息内容关键字 ③信息内容的受众偏好和态度	（2）重点：图文信息内容筛选相关要素分析 （3）难点：确定图文信息内容筛选方向	
				（2）音频信息内容筛选方案编写	1）确定音频信息内容筛选方向和类型 ①流量类 ②内容类 ③受众类	（1）方法：讲授法、演示法、案例教学法	1
					2）音频信息内容筛选相关要素分析 ①信息内容主题 ②信息内容关键字 ③信息内容的受众偏好和态度	（2）重点：音频信息内容筛选相关要素分析 （3）难点：确定音频信息内容筛选方向	
				（3）视频信息内容筛选方案编写	1）确定视频信息内容筛选方向和类型 ①流量类 ②内容类 ③受众类	（1）方法：讲授法、演示法、案例教学法	1
					2）视频信息内容筛选相关要素分析 ①信息内容主题 ②信息内容关键字 ③信息内容的受众偏好和态度	（2）重点：视频信息内容筛选相关要素分析 （3）难点：确定视频信息内容筛选方向	

附录

续表

2.1.3 二级/技师职业技能培训要求				2.2.3 二级/技师职业技能培训课程规范			
职业功能模块（模块）	培训内容（课程）	技能目标	培训细目	学习单元	课程内容	培训建议	课堂学时
2. 信息内容加工	2-1 信息内容筛选与加工策划	2-1-1 能制订信息内容筛选方案	（3）编写动画信息内容筛选方案	（4）动画信息内容筛选方案编写	1）确定动画信息内容筛选方向和类型 ①流量类 ②内容类 ③受众类	（1）方法：讲授法、演示法、案例教学法 （2）重点：动画信息内容筛选相关要素分析 （3）难点：确定动画信息内容筛选方向	1
					2）动画信息内容筛选相关要素分析 ①信息内容主题 ②信息内容关键字 ③信息内容的受众偏好和态度		
		2-1-2 能制订信息内容加工策划方案	（1）编写图文信息内容加工策划方案 （2）编写音视频信息内容加工策划方案	（5）图文信息内容加工策划方案撰写	1）确立图文信息内容加工主题	（1）方法：讲授法、演示法、案例教学法 （2）重点：确立图文信息内容加工主题、构建图文信息内容框架版式 （3）难点：确立图文信息内容加工主题、设置图文信息内容导读栏目	1
					2）拟定标题		
					3）设置图文信息内容导读栏目		
					4）构建图文信息内容框架版式 ①图片与文字的布局 ②图片与文字的统一		
					5）图文信息内容加工要求 ①版面结构 ②版面数量 ③图文及网页格式		
				（6）音频信息内容加工策划方案撰写	1）确立音频信息内容加工主题	（1）方法：讲授法、演示法、案例教学法 （2）重点与难点：确立音频信息内容加工主题、构建音频信息内容框架	1
					2）拟定标题		
					3）构建音频信息内容框架 ①蒙太奇结构形式 ②片段数量		

续表

2.1.3 二级/技师职业技能培训要求				2.2.3 二级/技师职业技能培训课程规范			
职业功能模块（模块）	培训内容（课程）	技能目标	培训细目	学习单元	课程内容	培训建议	课堂学时
2. 信息内容加工	2-1 信息内容筛选与加工策划	2-1-2 能制订信息内容加工策划方案	（3）编写动画信息内容加工策划方案	（6）音频信息内容加工策划方案撰写	4）音频信息内容加工要求 ①时长 ②采样率 ③音频格式		
				（7）视频信息内容加工策划方案撰写	1）确立视频信息内容加工主题 2）拟定标题 3）构建视频信息内容框架 ①蒙太奇结构形式 ②片段数量 ③场景内容 4）视频信息内容加工要求 ①时长 ②视频标准 ③视频格式	（1）方法：讲授法、演示法、案例教学法 （2）重点与难点：确立视频信息内容加工主题、构建视频信息内容框架	1
				（8）动画信息内容加工策划方案撰写	1）确立动画信息内容加工主题 2）拟定标题 3）构建动画信息内容框架 ①动画类型 ②场景内容 4）动画信息内容加工要求 ①时长 ②动画格式	（1）方法：讲授法、演示法、案例教学法 （2）重点与难点：确立动画信息内容加工主题、构建动画信息内容框架	1
	2-2 信息内容整合加工	2-2-1 能对图文信息内容进行整合加工	（1）图文信息筛选 （2）图文信息分类	（1）图文信息内容整合加工	1）图文信息筛选 2）图文信息分类 ①资讯类 ②生活娱乐类 ③教育类	（1）方法：讲授法、演示法、实训（练习）法 （2）重点：图文信息筛选、分类与编辑 （3）难点：图文信息编辑	2

续表

2.1.3 二级/技师职业技能培训要求				2.2.3 二级/技师职业技能培训课程规范			
职业功能模块（模块）	培训内容（课程）	技能目标	培训细目	学习单元	课程内容	培训建议	课堂学时
2. 信息内容加工	2-2 信息内容整合加工	2-2-1 能对图文信息内容进行整合加工	（3）图文信息编辑	（1）图文信息内容整合加工	3）图文信息编辑 ①建立网页结构 ②设计网页的尺寸、配色、字体、命名 ③为网页添加列表与超链接		
		2-2-2 能对音频内容进行整合加工	（1）音频内容筛选 （2）音频内容分类 （3）音频内容编辑	（2）音频信息内容整合加工	1）音频信息筛选 2）音频信息分类 ①资讯类 ②生活娱乐类 ③教育类 3）音频信息编辑 ①音频信息润色 ②音频信息剪辑 ③音频信息合成	（1）方法：讲授法、演示法、实训（练习）法 （2）重点：音频信息筛选、分类与编辑 （3）难点：音频信息编辑	2
		2-2-3 能对视频内容进行整合加工	（1）视频内容筛选 （2）视频内容分类 （3）视频内容编辑	（3）视频信息内容整合加工	1）视频信息筛选 2）视频信息分类 ①资讯类 ②生活娱乐类 ③教育类 3）视频信息编辑 ①视频信息修饰 ②视频信息剪辑 ③视频信息合成	（1）方法：讲授法、演示法、实训（练习）法 （2）重点：视频信息筛选、分类与编辑 （3）难点：视频信息编辑	2

续表

2.1.3 二级/技师职业技能培训要求				2.2.3 二级/技师职业技能培训课程规范			
职业功能模块（模块）	培训内容（课程）	技能目标	培训细目	学习单元	课程内容	培训建议	课堂学时
2. 信息内容加工	2-2 信息内容整合加工	2-2-4 能对动画内容进行整合加工	（1）动画内容筛选 （2）动画内容分类 （3）动画内容编辑	（4）动画信息内容整合加工	1）动画信息筛选 2）动画信息分类 ①资讯类 ②生活娱乐类 ③教育类 3）动画信息编辑 ①三维动画信息编辑 ②网页动画信息编辑 ③合成动画信息编辑	（1）方法：讲授法、演示法、实训（练习）法 （2）重点：动画信息筛选、分类与编辑 （3）难点：动画信息编辑	3
	2-3 信息资源编目与存储	2-3-1 能分类编目图文、音视频、动画信息	（1）文本、图表信息编目方法 （2）图文信息编目方法 （3）音频信息编目方法 （4）视频信息编目方法	（1）信息资源编目	1）信息资源分类与编目概述 2）信息资源分类切分 ①文本、图表信息文件的段落切分 ②图文信息文件的版块切分 ③音频信息文件的段落切分 ④视频信息文件的片段、场景和镜头切分 ⑤动画信息文件的片段和场景切分 3）信息资源的著录标引 ①文本、图表信息文件的标题、段落与图表的著录标引 ②图文信息文件的标题、版块、图文的著录标引	（1）方法：讲授法、演示法、实训（练习）法 （2）重点：信息资源的著录标引 （3）难点：视频和动画信息的切分、著录标引	7

续表

2.1.3 二级/技师职业技能培训要求				2.2.3 二级/技师职业技能培训课程规范			
职业功能模块（模块）	培训内容（课程）	技能目标	培训细目	学习单元	课程内容	培训建议	课堂学时
2. 信息内容加工	2-3 信息资源编目与存储	2-3-1 能分类编目图文、音视频、动画信息	(5) 动画信息编目方法	(1) 信息资源编目	③音频信息文件的标题和段落的著录标引 ④视频信息文件的标题、片段、场景和镜头的著录标引 ⑤动画信息文件的标题、片段和场景的著录标引 4) 信息资源的编目审核 ①文本、图表信息的编目审核 ②图文信息的编目审核 ③音频信息的编目审核 ④视频信息的编目审核 ⑤动画信息的编目审核		
		2-3-2 能分类存储图文、音视频、动画信息	(1) 文本、图表信息分类存储方法 (2) 图文信息分类存储方法 (3) 音频信息分类存储方法 (4) 视频信息分类存储方法	(2) 信息资源存储	1) 文本、图表信息存储 ①TXT、PDF文件格式 ②本地存储 ③云存储 2) 图文信息存储 ①HTML文件格式 ②本地存储 ③云存储 3) 音频信息存储 ①WAV、MP3文件格式 ②本地存储 ③云存储	(1) 方法：讲授法、演示法、实训（练习）法 (2) 重点与难点：信息资源存储	2

续表

2.1.3 二级/技师职业技能培训要求				2.2.3 二级/技师职业技能培训课程规范			
职业功能模块（模块）	培训内容（课程）	技能目标	培训细目	学习单元	课程内容	培训建议	课堂学时
2. 信息内容加工	2-3 信息资源编目与存储	2-3-2 能分类存储图文、音视频、动画信息	（5）动画信息分类存储方法	（2）信息资源存储	4）视频信息存储 ①MPEG2、MPEG4文件格式 ②本地存储 ③云存储		
					5）动画信息存储 ①GIF文件格式 ②本地存储 ③云存储		
3. 信息载体营销	3-1 站内与站外精准营销	3-1-1 能根据受众需求将信息载体在站内精准推送并编写反馈报告	（1）对站内受众进行属性划分与标注 （2）对站内信息载体进行属性划分与标注	（1）站内受众流量数据调取	1）提取资讯类信息的受众流量数据 2）提取生活娱乐类信息的受众流量数据 3）提取教育类信息的受众流量数据	（1）方法：讲授法、演示法 （2）重点与难点：分类提取站内受众流量数据	1
				（2）站内受众属性划分与标注	1）资讯类受众属性划分与标注 2）生活娱乐类受众属性划分与标注 3）教育类受众属性划分与标注	（1）方法：讲授法、演示法 （2）重点与难点：不同类型的受众属性划分	1
				（3）信息载体地域属性划分与标注	1）只适合某地区单独推送的信息载体属性划分与标注 2）适合多地区推送的信息载体属性划分与标注	（1）方法：讲授法、演示法 （2）重点：根据信息载体地域特征进行划分 （3）难点：适合多地区推送的信息载体属性划分	1
				（4）信息载体内容类别属性划分与标注	1）资讯类信息载体属性划分与标注	（1）方法：讲授法、演示法	1

续表

2.1.3 二级/技师职业技能培训要求				2.2.3 二级/技师职业技能培训课程规范			
职业功能模块（模块）	培训内容（课程）	技能目标	培训细目	学习单元	课程内容	培训建议	课堂学时
3. 信息载体营销	3-1 站内与站外精准营销	3-1-1 能根据受众需求将信息载体在站内精准推送并编写反馈报告	（3）制订站内信息精准推送方案	（4）信息载体内容类别属性划分与标注	2）生活娱乐类信息载体属性划分与标注 3）教育类信息载体属性划分与标注	（2）重点：根据信息载体内容类别进行划分 （3）难点：及时有效划分与标注	
				（5）提出站内信息载体推送的加工需求	1）依据站内地区属性信息载体推送需求填写各类信息加工制作工单 2）依据站内内容属性信息载体推送需求填写各类信息加工制作工单	（1）方法：讲授法、演示法 （2）重点：站内地区属性信息载体推送需求的把控 （3）难点：依据站内信息填写各类信息加工制作工单	1
				（6）制订站内信息载体精准推送方案	1）站内信息实时流量数据提取与分析 2）依据站内信息实时流量数据分析结果制定信息载体站内上传与更新计划 3）依据站内信息热度与受众需求制订信息载体推送方案	（1）方法：讲授法、演示法 （2）重点与难点：制订站内信息载体精准推送方案	2
				（7）阶段性站内信息载体推送效果数据分析	1）提取、分析站内阶段性图文信息载体推送效果数据 ①提出阶段性站内受众数据分析目标表单需求 ②提出阶段性站内图文信息数据分析目标表单需求 ③分析阶段性图文信息推送效果数据	（1）方法：讲授法、演示法 （2）重点与难点：分析阶段性信息载体站内推送效果数据	2

续表

2.1.3 二级/技师职业技能培训要求				2.2.3 二级/技师职业技能培训课程规范			
职业功能模块（模块）	培训内容（课程）	技能目标	培训细目	学习单元	课程内容	培训建议	课堂学时
3. 信息载体营销	3-1 站内与站外精准营销	3-1-1 能根据受众需求将信息载体在站内精准推送并编写反馈报告	（4）编写站内信息推送效果反馈报告	（7）阶段性站内信息载体推送效果数据分析	2）提取、分析站内阶段性音视频、动画信息载体推送效果数据 ①提出阶段性站内受众数据分析目标表单需求 ②提出阶段性站内音视频、动画信息数据分析目标表单需求 ③分析阶段性音视频、动画信息推送效果数据		
				（8）编写站内信息载体精准推送效果反馈报告	1）阶段性图文信息载体推送效果评估 2）阶段性音视频、动画信息载体推送效果评估 3）提出信息推送修改建议	（1）方法：讲授法、演示法 （2）重点与难点：对于音视频、动画信息站内推送效果的评估	1
		3-1-2 能根据受众需求将信息载体在站外进行精准分发并编写反馈报告	（1）对站外受众进行识别与标注	（9）站外受众流量数据提取	从监控数据分析报告提取站外受众流量数据 ①提取图文信息受众流量数据 ②提取音视频、动画信息受众流量数据	（1）方法：讲授法、演示法、实训（练习）法 （2）重点与难点：从监控数据分析报告提取站外受众流量数据	1
				（10）站外受众属性标注	根据监控数据分析报告对站外受众进行标注 ①相似内容图文信息偏好方向受众标注 ②相似内容音视频、动画信息偏好方向受众标注	（1）方法：讲授法、演示法、实训（练习）法 （2）重点：根据监控数据分析报告对站外受众进行标注 （3）难点：相似内容音视频、动画信息偏好方向受众标注	1

附录

续表

2.1.3 二级/技师职业技能培训要求				2.2.3 二级/技师职业技能培训课程规范			
职业功能模块（模块）	培训内容（课程）	技能目标	培训细目	学习单元	课程内容	培训建议	课堂学时
3. 信息载体营销	3-1 站内与站外精准营销	3-1-2 能根据受众需求将信息载体在站外进行精准分发并编写反馈报告	（2）制订站外信息精准分发方案	（11）提取站外信息载体浏览热度数据	1）从监控数据分析报告提取不同地区信息载体浏览热度数据 ①图文信息浏览热度数据 ②音视频、动画信息浏览热度数据 2）依据地区信息浏览热度与受众需求分析数据编写信息载体站外分发计划 ①编写短期图文信息分发计划表单 ②编写短期音视频、动画信息分发计划表单	（1）方法：讲授法、演示法、实训（练习）法 （2）重点：依据分析数据编写信息载体站外分发计划 （3）难点：编写短期音视频、动画信息分发计划表单	2
				（12）制订站外信息载体精准分发方案	依据信息载体分发计划提交信息载体加工选题方案 ①提交热点图文信息加工选题方案 ②提交热点音视频、动画信息加工选题方案	（1）方法：讲授法、演示法、实训（练习）法 （2）重点与难点：依据信息载体分发计划提交信息载体加工选题方案	1
				（13）阶段性站外信息载体分发效果数据分析	1）提取、分析站外阶段性图文信息载体分发浏览数据 ①提出阶段性站外受众数据分析目标表单需求 ②提出阶段性站外图文信息数据分析目标表单需求 ③分析阶段性图文信息分发效果	（1）方法：讲授法、演示法 （2）重点与难点：提取、分析站外阶段性音视频、动画信息载体分发浏览数据	3

续表

2.1.3 二级/技师职业技能培训要求				2.2.3 二级/技师职业技能培训课程规范			
职业功能模块（模块）	培训内容（课程）	技能目标	培训细目	学习单元	课程内容	培训建议	课堂学时
3. 信息载体营销	3-1 站内与站外精准营销	3-1-2 能根据受众需求将信息载体在站外进行精准分发并编写反馈报告	（3）编写站外信息分发效果反馈报告	（13）阶段性站外信息载体分发效果数据分析	2）提取、分析站外阶段性音视频、动画信息载体分发浏览数据 ①提出阶段性站外受众数据分析目标表单需求 ②提出阶段性站外音视频、动画信息数据分析目标表单需求 ③分析阶段性音视频、动画信息分发效果		
				（14）编写阶段性站外信息载体分发效果反馈报告	1）阶段性图文信息载体分发效果评估 2）阶段性音视频、动画信息载体分发效果评估 3）提出信息分发修改建议	（1）方法：讲授法、演示法、实训（练习）法 （2）重点与难点：对于音视频、动画信息载体站外分发效果的评估	2
	3-2 信息载体多渠道传播矩阵营销	3-2-1 能运用传播矩阵进行信息载体推送	（1）跨平台传播矩阵账号功能划分与标注	（1）跨平台信息流量监控数据提取与标注	1）从监控数据分析报告提取跨平台流量数据 ①提取热点信息流量数据 ②提取受众回复与反馈流量数据 2）根据监控数据分析报告进行跨平台受众活跃度标注 ①图文内容方向活跃受众标注 ②音视频、动画内容方向活跃受众标注	（1）方法：讲授法、演示法 （2）重点：从监控数据分析报告提取跨平台流量数据 （3）难点：各媒介平台的数据统计	2

133

附录

续表

2.1.3 二级/技师职业技能培训要求				2.2.3 二级/技师职业技能培训课程规范			
职业功能模块（模块）	培训内容（课程）	技能目标	培训细目	学习单元	课程内容	培训建议	课堂学时
3. 信息载体营销	3-2 信息载体多渠道传播矩阵营销	3-2-1 能运用传播矩阵进行信息载体推送	(2)制订跨平台传播矩阵账号信息载体推送方案	(2)传播矩阵账号功能属性划分与标注	依据媒体平台属性划分矩阵账号类别 ①图文信息账号标注 ②音视频、动画信息账号标注	(1)方法：讲授法、演示法 (2)重点：依据媒体平台属性划分矩阵账号类别 (3)难点：媒体平台属性的划分	1
				(3)传播矩阵账号推送信息加工报题	制定矩阵账号信息加工的选题表单 ①调取媒体平台受众偏好监控数据 ②依据媒体平台矩阵账号属性提出推送信息的加工需求报题	(1)方法：讲授法、演示法、实训（练习）法 (2)重点与难点：依据媒体平台矩阵账号属性提出推送信息的加工需求报题	2
				(4)制订传播矩阵账号信息载体推送计划	1)编写矩阵账号信息推送计划表单 ①编写同平台账号信息推送频次计划表单 ②选择并编写多平台矩阵账号信息推送频次计划表单 2)媒体平台矩阵账号信息推送上传与更新 ①信息载体推送规范 ②对特定账号信息推送内容进行更新	(1)方法：讲授法、演示法、实训（练习）法 (2)重点与难点：及时对特定账号信息推送内容进行更新	1
				(5)传播矩阵账号流量分析数据提取	1)提取跨平台多账号受众热度分析数据 2)提取跨平台多账号信息内容热度分析数据	(1)方法：讲授法、演示法、实训（练习）法 (2)重点与难点：提取跨平台多账号信息内容热度分析数据	1

续表

2.1.3 二级/技师职业技能培训要求				2.2.3 二级/技师职业技能培训课程规范			
职业功能模块（模块）	培训内容（课程）	技能目标	培训细目	学习单元	课程内容	培训建议	课堂学时
3. 信息载体营销	3-2 信息载体多渠道传播矩阵营销	3-2-1 能运用传播矩阵进行信息载体推送	（3）编写跨平台传播矩阵账号信息推送效果反馈报告	（6）编写跨平台传播矩阵账号信息推送效果反馈报告	1）受众数据分析预期效果与结论 2）内容数据分析预期效果与结论 3）提出矩阵账号信息推送修改建议	（1）方法：讲授法、演示法、实训（练习）法 （2）重点与难点：内容数据分析预期效果与结论	1
		3-2-2 能运用外链平台渠道多次分发信息载体	（1）外链平台渠道的开发和信息发布规范	（7）外链平台渠道的开发	1）获取不同媒体平台联系渠道的途径与方法 ①通过行业协会建立联系网络 ②通过平台合作拓展渠道资源 2）不同媒体平台信息载体接收标准 ①不同媒体平台接收图文信息的标准 ②不同媒体平台接收音视频、动画信息的标准	（1）方法：讲授法、演示法、实训（练习）法 （2）重点与难点：不同媒体平台信息载体接收标准	2
				（8）外链平台渠道信息分发的流程	1）与媒体渠道合作的机制 ①频道资源共享原则 ②矩阵资源共享原则 2）不同媒体平台分发信息载体的具体流程 ①门户类媒体平台信息分发流程 ②自媒体平台信息分发流程	（1）方法：讲授法、演示法 （2）重点：不同媒体平台接收信息载体的具体流程 （3）难点：自媒体平台信息分发流程	2

附录

续表

2.1.3 二级/技师职业技能培训要求				2.2.3 二级/技师职业技能培训课程规范			
职业功能模块（模块）	培训内容（课程）	技能目标	培训细目	学习单元	课程内容	培训建议	课堂学时
3. 信息载体营销	3-2 信息载体多渠道传播矩阵营销	3-2-2 能运用外链平台渠道多次分发信息载体	（2）制订外链渠道信息分发方案	（9）外链平台渠道信息多次分发方案	1）调取目标媒体平台阶段性信息投放效果评估报告 2）调取目标媒体平台信息热度监控数据 3）根据目标平台信息传播效果评估报告制定信息多次分发表单	（1）方法：讲授法、演示法、实训（练习）法 （2）重点与难点：根据目标平台信息传播效果评估报告制定信息多次分发表单	2
				（10）外链平台渠道信息分发效果评估	1）受众目标数据分析与评估 2）内容目标数据分析与评估	（1）方法：讲授法、演示法、实训（练习）法 （2）重点与难点：外链平台渠道信息分发效果评估	2
	3-3 信息增值营销	3-3-1 能推送平台广告植入信息	（1）依据广告属性与要求进行分类筛选 （2）依据站内资源有序推送广告	（1）与站内原有广告资源冲突筛选	1）广告客户冲突数据筛选 2）站内阶段性广告投放冲突数据筛选 3）站内阶段性广告投放内容冲突数据筛选	（1）方法：讲授法、演示法 （2）重点与难点：站内广告资源冲突数据筛选	2
				（2）与站内频道资源时间冲突筛选	1）已占用频道资源冲突数据筛选 2）预占用频道资源冲突数据筛选	（1）方法：讲授法、演示法 （2）重点与难点：预占用频道资源冲突数据筛选	2
				（3）依据广告属性制订投放计划	1）制订即时性广告投放计划 ①站内即时性广告资源投放数据调取 ②站内即时性广告排序投放计划表单填写	（1）方法：讲授法、演示法 （2）重点：制订一般性广告投放计划 （3）难点：站内一般性广告资源投放数据调取	2

续表

2.1.3 二级/技师职业技能培训要求					2.2.3 二级/技师职业技能培训课程规范			
职业功能模块（模块）	培训内容（课程）	技能目标	培训细目	学习单元	课程内容	培训建议	课堂学时
3．信息载体营销	3-3 信息增值营销	3-3-1 能推送平台广告植入信息	（3）按照受众数据精准投放广告	（3）依据广告属性制订投放计划	2）制订一般性广告投放计划 ①站内一般性广告资源投放数据调取 ②站内一般性广告投放计划表单填写		
				（4）依据频道资源制订投放计划	1）站内频道广告投放资源数据调取 2）站内阶段性频道广告资源占用计划表单填写	（1）方法：讲授法、演示法 （2）重点与难点：站内阶段性频道广告资源占用计划表单填写	1
				（5）依据投放计划站内执行精准投放	1）短期实时广告精准投放 ①目标受众即时弹出式广告精准投放 ②站内频道栏目即时广告精准投放 2）阶段性广告精准投放 ①站内平台主页广告位阶段性广告精准投放 ②站内频道栏目阶段性广告精准投放	（1）方法：讲授法、演示法 （2）重点与难点：站内短期实时广告精准投放	1
				（6）站内广告受众阶段性数据分析	1）站内广告受众实时数据调取与分析方法 ①广告点击率数据统计 ②观看完成率数据统计 2）站内广告受众阶段性数据调取与分析方法 ①阶段性广告点击率数据统计 ②阶段性观看完成率数据统计	（1）方法：讲授法、演示法 （2）重点与难点：站内广告受众阶段性数据调取与分析方法	1

续表

2.1.3 二级/技师职业技能培训要求				2.2.3 二级/技师职业技能培训课程规范			
职业功能模块（模块）	培训内容（课程）	技能目标	培训细目	学习单元	课程内容	培训建议	课堂学时
3.信息载体营销	3-3 信息增值营销	3-3-2 能推送和分发外链广告植入信息	(1) 依据受众偏好匹配推送广告信息 (2) 依据受众偏好精准分发广告信息	(7) 广告与受众偏好匹配	1) 依据广告受众的喜好偏向定向精准推送广告信息 ①与广告内容相匹配的站内受众数据调取 ②阶段性受众匹配广告站内推送计划表单填写 2) 依据外部媒体平台的广告受众喜好偏向定向精准分发广告信息 ①目标媒体平台受众偏好数据调取 ②阶段性目标媒体平台受众匹配广告推送计划表单填写	(1) 方法：讲授法、演示法 (2) 重点：受众与广告的匹配 (3) 难点：有效投放广告信息	2
4.数据监控	4-1 分析监控数据	4-1-1 能分析舆情监控数据	(1) 确定舆情热点数据 (2) 舆情监控数据分析方法	(1) 舆情热点分析	1) 舆情热点分析目的 ①为舆情应对提供依据 ②为信息策划提供依据 2) 舆情监控数据分析方法 ①信息走势分析 ②媒体来源分析 ③地域分析 ④关键词云分析 ⑤情感分布分析 ⑥高频词分析	(1) 方法：讲授法、案例教学法 (2) 重点与难点：关键词云分析、高频词分析	1

续表

2.1.3 二级/技师职业技能培训要求					2.2.3 二级/技师职业技能培训课程规范			
职业功能模块（模块）	培训内容（课程）	技能目标	培训细目	学习单元	课程内容	培训建议	课堂学时
4. 数据监控	4-1 分析监控数据	4-1-2 能分析竞品监控数据	（1）确定竞品监控数据 （2）竞品监控数据分析方法	（2）竞品监控数据分析	1）竞品监控数据分析目的 ①为运营战略调整提供依据 ②为信息策划提供依据 2）竞品监控数据分析方法 ①信息量对比分析 ②走势对比分析 ③高频词对比分析 ④情感分布对比分析	（1）方法：讲授法、案例教学法 （2）重点与难点：情感分布对比分析	1
		4-1-3 能分析异动监控数据	（1）确定异动监控数据 （2）异动监控数据分析方法	（3）异动监控数据分析	1）异动监控数据分析目的 ①为制定异动响应方案提供依据 ②为运营决策提供依据 2）监控数据异动原因分析 ①业务数据异动原因分析 ②竞品数据异动原因分析 ③舆情数据异动原因分析	（1）方法：讲授法、案例教学法 （2）重点与难点：监控数据异动原因分析	1
	4-2 撰写监控数据分析报告	4-2-1 能撰写监控数据分析报告	（1）监控结果分析 （2）撰写监控数据分析报告	（1）监控数据分析报告撰写方法	1）分析监控结果 ①各时段数据监控结果分析 ②各端口数据监控结果分析 2）撰写监控数据分析报告 ①数据展示 ②提出并分析问题 ③预测与建议	（1）方法：讲授法、实训（练习）法 （2）重点与难点：提出并分析问题	2

附录

续表

	2.1.3 二级/技师职业技能培训要求			2.2.3 二级/技师职业技能培训课程规范			
职业功能模块（模块）	培训内容（课程）	技能目标	培训细目	学习单元	课程内容	培训建议	课堂学时
4.数据监控	4-2 撰写监控数据分析报告	4-2-2 能提出媒体分发渠道调整建议	（1）确定媒体分发渠道调整依据 （2）提出媒体分发渠道调整建议	（2）提出调整媒体分发渠道建议	1）确定调整依据 ①分发效果评估 ②分发成本评估	（1）方法：讲授法、实训（练习）法 （2）重点与难点：媒体分发渠道调整建议内容	2
					2）媒体分发渠道调整建议内容 ①媒体分发渠道选择建议 ②不同渠道分发建议		
5.协同运营	5-1 全媒体传播矩阵运营	5-1-1 能建立全媒体传播矩阵	（1）构建全媒体传播矩阵 （2）全媒体传播矩阵运营	（1）全媒体传播矩阵的构建	1）全媒体传播矩阵构建标准 ①搭建内部矩阵 ②搭建横向外部矩阵	（1）方法：讲授法、演示法、实训（练习）法 （2）重点：全媒体传播矩阵构建标准 （3）难点：全媒体传播矩阵的构建方法	2
					2）全媒体传播矩阵的构建方法 ①在同一平台建立账号的矩阵 ②在不同平台搭建账号的矩阵		
				（2）全媒体传播矩阵的操作运营	1）传播矩阵运营模式 ①传播矩阵的构成 ②传播矩阵的模式及类型	（1）方法：讲授法、演示法、实训（练习）法 （2）重点：传播矩阵的构成 （3）难点：传播矩阵的模式及类型	2
					2）传播矩阵运营操作 ①以内容为主进行各端口信息匹配发布 ②按用户分层进行各端口信息匹配发布		

二级／技师职业技能培训要求与课程规范对照表

续表

职业功能模块（模块）	2.1.3 二级／技师职业技能培训要求			2.2.3 二级／技师职业技能培训课程规范			
^	培训内容（课程）	技能目标	培训细目	学习单元	课程内容	培训建议	课堂学时
5. 协同运营	5-1 全媒体传播矩阵运营	5-1-1 能建立全媒体传播矩阵	（3）利用全媒体传播矩阵进行信息发布	（3）全媒体传播矩阵的信息发布	1）传播矩阵各端口信息特点 ①各端口信息发布特点 ②各端口信息发布方式 2）各端口信息内容管理 ①CMS（内容管理系统）概念 ②CMS信息发布流程	（1）方法：讲授法、演示法、实训（练习）法 （2）重点：传播矩阵各端口信息发布特点 （3）难点：CMS信息发布流程	2
^	^	5-1-2 能使用全媒体传播矩阵进行信息整合传播	（1）全媒体传播矩阵的端口操作	（4）全媒体传播矩阵的端口操作	1）端口信息传播方式 ①各端口信息发布 ②信息系统运营管理 2）端口操作的方式 ①媒体平台操作方式 ②传播渠道操作方式	（1）方法：讲授法、演示法、实训（练习）法 （2）重点与难点：端口操作的方式	2
^	^	^	（2）全媒体传播矩阵的端口信息整合传播	（5）全媒体传播矩阵的端口信息整合传播	1）全媒体信息整合 ①信息选择与采集 ②信息资源配置 2）全媒体各端口的信息传播 ①图文信息发布 ②音视频、动画信息发布	（1）方法：讲授法、演示法、实训（练习）法 （2）重点与难点：信息资源配置	2
^	5-2 全媒体各端口协同运营	5-2-1 能执行多端口信息输入协同运营	（1）多端口信息输入方法	（1）全媒体各端口信息输入操作运营	1）全媒体信息输入 ①图文信息输入 ②音视频、动画信息输入 ③互动信息输入	（1）方法：讲授法、演示法、实训（练习）法 （2）重点与难点：全媒体信息输入协同运营	4

附录

续表

2.1.3 二级/技师职业技能培训要求				2.2.3 二级/技师职业技能培训课程规范			
职业功能模块（模块）	培训内容（课程）	技能目标	培训细目	学习单元	课程内容	培训建议	课堂学时
5. 协同运营	5-2 全媒体各端口协同运营	5-2-1 能执行多端口信息输入协同运营	（2）多端口信息输入协同运营	（1）全媒体各端口信息输入操作运营	2）全媒体信息输入协同运营 ①信息源分类 ②信息评价与利用 ③信息传播端口运营维护	（1）方法：讲授法、演示法、实训（练习）法 （2）重点：各端口信息输出类型及方式 （3）难点：全媒体信息输出协同运营	4
		5-2-2 能执行多端口信息输出协同运营	（1）多端口信息输出方法 （2）多端口信息输出协同运营	（2）全媒体各端口信息输出操作运营	1）全媒体信息输出 ①图文信息输出 ②音视频、动画信息输出 ③互动信息输出 2）全媒体信息输出协同运营 ①信息用户分类 ②各端口信息输出类型及方式 ③通过监控数据分析报告制定用户反馈表单		
6. 培训与指导	6-1 培训	6-1-1 能制订培训计划	（1）掌握培训基本流程	（1）职业培训基本流程	1）岗位需求调研 2）培训需求对接 3）培训实务管理	（1）方法：讲授法、案例教学法 （2）重点与难点：培训实务管理	1
			（2）编写培训计划	（2）制订培训计划	1）培训计划编写依据 2）培训计划编写原则 3）编写培训计划内容	（1）方法：讲授法、案例教学法 （2）重点与难点：编写培训计划内容	1

二级／技师职业技能培训要求与课程规范对照表

续表

2.1.3 二级／技师职业技能培训要求					2.2.3 二级／技师职业技能培训课程规范			
职业功能模块（模块）	培训内容（课程）	技能目标	培训细目	学习单元	课程内容	培训建议	课堂学时
6. 培训与指导	6-1 培训	6-1-2 能对三级／高级及以下人员实施培训	（1）常用教学法的使用 （2）课堂教学的组织	（3）课堂组织与教学	1）常见的教学法 ①讲授法 ②讨论法 ③实训（练习）法 ④演示法 ⑤情境教学法 ⑥实物示教法 2）课堂组织与教学 ①课程导入的方法 ②合理运用教学方法 ③实施过程考核评价 ④重点及难点的处理 ⑤课后归纳及总结	（1）方法：讲授法、演示法 （2）重点与难点：演示法、情境教学法	2
	6-2 指导	能对三级／高级及以下人员实施技能指导	（1）技能指导的组织 （2）技能效果的评定	技能指导的组织和评定	1）技能指导概述 2）技能指导的组织程序 ①技能指导前准备（场地、工具设备、素材等） ②指导教师讲解示范，现场操作、巡回指导 ③技能考核评价 3）技能指导的效果评定 ①技能水平测试 ②知识水平测试 ③综合评定	（1）方法：讲授法、案例教学法 （2）重点：技能指导的组织程序 （3）难点：技能指导的效果评定	2
课堂学时合计							120

附录

附录4　一级/高级技师职业技能培训要求与课程规范对照表

2.1.4 一级/高级技师职业技能培训要求				2.2.4 一级/高级技师职业技能培训课程规范			
职业功能模块（模块）	培训内容（课程）	技能目标	培训细目	学习单元	课程内容	培训建议	课堂学时
1. 信息内容加工策划	1-1 审核信息内容加工策划方案	1-1-1 能审核信息内容加工策划方案的选题	(1) 选题热点分析比对 (2) 选题合理性审核 (3) 选题合规性审核	(1) 审核信息内容加工策划方案选题	1) 选题热点分析 ①热点事件 ②热点情绪 ③热点人物 2) 选题热点比对 ①公信力 ②新闻价值 ③时效性 3) 选题内容审核 ①合理性审核 ②合规性审核 ③合法性审核	(1) 方法：讲授法、演示法 (2) 重点与难点：选题热点分析	2
		1-1-2 能审核信息内容加工策划方案的可行性	(1) 策划方案中的要素指标审核 (2) 策划方案中的信息内容加工方法审核	(2) 审核信息内容加工策划方案可行性	1) 审核策划方案要素指标的可获得性 ①选题对应的图文信息素材可获得性审核 ②选题对应的音视频信息素材可获得性审核 ③选题对应的动画信息素材可获得性审核 2) 审核策划方案中加工方法可行性 ①图文信息素材加工方法可行性审核 ②音视频信息素材加工方法可行性审核 ③动画信息素材加工方法可行性审核	(1) 方法：讲授法、演示法 (2) 重点与难点：审核策划方案中加工方法可行性	2

一级/高级技师职业技能培训要求与课程规范对照表

续表

2.1.4 一级/高级技师职业技能培训要求				2.2.4 一级/高级技师职业技能培训课程规范			
职业功能模块（模块）	培训内容（课程）	技能目标	培训细目	学习单元	课程内容	培训建议	课堂学时
1．信息内容加工策划	1-2 评估信息内容加工质量	1-2-1 能评估信息内容加工的规范性	（1）信息形式质量评估 （2）信息内容质量评估	（1）评估信息内容加工结果的规范性	1）信息内容加工方法规范性评估 ①合理的筛选与分类 ②专业的编辑处理 ③标准的编目与存储 2）信息内容加工质量的评估要求 ①明确信息内容宣传目标 ②明确用户属性及需求 ③挖掘内容定位关键词 ④主题凸显、形式契合	（1）方法：讲授法、演示法 （2）重点与难点：信息内容加工质量的评估要求	3
		1-2-2 能评估信息内容加工的标准性	（1）信息内容的加工结果标准评估 （2）信息内容加工效果对接媒介平台营销需求的评估	（2）评估信息内容加工结果的标准性	1）技术标准的评估流程 2）图文信息版面内容和布局符合规范 3）音视频、动画等信息画面尺寸与时长、影像分辨率等符合规范	（1）方法：讲授法、演示法、实训（练习）法 （2）重点与难点：技术标准的评估流程	2
				（3）评估信息内容对接媒介的匹配性	1）需求标准的评估流程 2）信息时长和篇幅符合媒介平台营销要求 3）信息选题方向符合媒介平台营销要求 4）信息内容符合媒介平台营销要求	（1）方法：讲授法、演示法、实训（练习）法 （2）重点与难点：需求标准的评估流程	1

附录

续表

2.1.4 一级/高级技师职业技能培训要求				2.2.4 一级/高级技师职业技能培训课程规范			
职业功能模块（模块）	培训内容（课程）	技能目标	培训细目	学习单元	课程内容	培训建议	课堂学时
2．信息载体营销	2-1 评估站内与站外精准营销效果	2-1-1 能对站内精准推送信息进行评估	（1）根据受众分析数据指导站内信息载体推送匹配	（1）提出站内受众特定需求精准分析	1）站内受众特定需求划分 ①站内图文信息受众活跃度划分 ②站内音视频、动画信息受众活跃度划分 2）站内受众特定需求筛选 ①对相似内容图文信息的浏览频次进行统计 ②对相似内容音视频、动画信息的浏览频次进行统计 ③对站内受众特定需求进行排序	（1）方法：讲授法、演示法 （2）重点与难点：对站内受众特定需求进行排序	2
				（2）站内信息载体匹配性筛选与推送审核	1）站内信息载体推送精准匹配 ①特定需求受众账号定向筛选 ②特定需求受众实时反馈跟踪 2）审核站内信息载体精准推送匹配方案 ①审核站内不同频道资源匹配性推送方案 ②审核阶段性匹配精准推送方案	（1）方法：讲授法、演示法 （2）重点：站内信息载体匹配 （3）难点：审核阶段性匹配精准推送方案	2
				（3）提出站内信息载体推送反馈与信息加工意见	1）对站内精准推送反馈提出意见 ①依据行业发展提出新的分析需求意见 ②依据受众变化提出新的分析需求意见	（1）方法：讲授法、演示法 （2）重点与难点：依据行业发展提出新的加工需求建议	2

续表

2.1.4 一级/高级技师职业技能培训要求				2.2.4 一级/高级技师职业技能培训课程规范			
职业功能模块（模块）	培训内容（课程）	技能目标	培训细目	学习单元	课程内容	培训建议	课堂学时
2. 信息载体营销	2-1 评估站内与站外精准营销效果	2-1-1 能对站内精准推送信息进行评估	（2）根据站内信息载体推送反馈审核指导后续推送规划	（3）提出站内信息载体推送反馈与信息加工意见	2）对站内精准推送信息加工提出需求建议 ①依据行业发展提出新的加工需求建议 ②依据精准推送预期目标提出预期加工需求建议		
				（4）审核阶段性信息载体精准推送的需求规划	1）阶段性匹配精准推送预期目标 ①审核站内精准推送短期目标 ②审核站内阶段性匹配精准推送长期目标	（1）方法：讲授法、演示法 （2）重点与难点：制定站内阶段性匹配精准推送预期目标	2
					2）阶段性匹配精准推送需求 ①审核站内频道栏目资源设置与调整需求规划 ②审核站内受众反馈互动资源的设置与调整需求规划		
				（5）提出媒体平台品牌化发展规划	1）媒体平台品牌化传播包装规划 ①媒体平台品牌化传播发展思路 ②媒体平台站内精准推送信息品牌化传播包装方法与措施	（1）方法：讲授法、演示法 （2）重点：媒体平台品牌化发展架构 （3）难点：媒体平台站内多品牌发展架构	6

续表

2.1.4 一级/高级技师职业技能培训要求				2.2.4 一级/高级技师职业技能培训课程规范			
职业功能模块（模块）	培训内容（课程）	技能目标	培训细目	学习单元	课程内容	培训建议	课堂学时
2. 信息载体营销	2-1 评估站内与站外精准营销效果	2-1-1 能对站内精准推送信息进行评估	(3) 根据行业趋势指导媒体平台信息推送品牌化营销	(5) 提出媒体平台品牌化发展规划	2) 媒体平台品牌化发展架构 ①媒体平台站内多品牌发展架构 ②媒体平台站内单一品牌发展架构	(1) 方法：讲授法、演示法 (2) 重点：媒体平台信息推送品牌化价值体系建设 (3) 难点：其他媒体平台认同满意度跟踪	6
				(6) 提出媒体平台品牌化营销体系战略	1) 媒体平台信息推送品牌化形象体系战略 ①媒体平台视觉形象识别系统（VI 体系）战略 ②媒体平台企业行为识别系统（BI 体系）战略 ③媒体平台企业理念识别系统（MI 体系）战略 2) 媒体平台信息推送品牌化价值体系建设 ①媒体平台受众满意度跟踪 ②其他媒体平台认同满意度跟踪		
		2-1-2 能对站外精准分发信息进行评估	(1) 站外受众阶段性需求信息跟踪	(7) 审核确定站外受众需求信息	1) 站外受众跟踪数据提取 ①站外受众活跃度分析报告提取 ②站外受众信息浏览完成率分析报告提取 2) 站外受众信息内容偏好数据提取 ①站外受众信息浏览频次分析报告提取 ②站外受众满意度分析报告提取	(1) 方法：讲授法、演示法 (2) 重点：站外受众跟踪数据提取 (3) 难点：站外受众信息浏览完成率分析报告提取	1

一级／高级技师职业技能培训要求与课程规范对照表

续表

2.1.4 一级／高级技师职业技能培训要求				2.2.4 一级／高级技师职业技能培训课程规范			
职业功能模块（模块）	培训内容（课程）	技能目标	培训细目	学习单元	课程内容	培训建议	课堂学时
2. 信息载体营销	2-1 评估站内与站外精准营销效果	2-1-2 能对站外精准分发信息进行评估	（2）审核确定站外媒体渠道开发方案	（8）审核确定站外信息载体分发方案与规划	1）站外信息载体分发方案审核 ①信息载体内容策略建议与审核 ②信息载体分发平台建议与审核 2）站外信息载体分发规划审核 ①短期分发计划建议与审核 ②中长期分发规划建议与审核	（1）方法：讲授法、演示法 （2）重点：信息载体分发平台建议与审核 （3）难点：短期分发计划建议与审核	1
				（9）审核确定站外媒体渠道开发与规划方案	1）审核站外合作渠道开发 ①同平台同栏目合作渠道开发审核 ②多平台同栏目合作渠道开发审核 ③自媒体合作渠道开发审核 2）确定站外媒体渠道开发与规划方案 ①短期开发方案确定 ②中长期开发与规划方案确定	（1）方法：讲授法、演示法 （2）重点：审核站外合作型渠道开发 （3）难点：多平台同栏目合作渠道开发审核	4
				（10）审核确定地域属性信息分发营销规划	1）地域属性信息分发营销规划 ①地区热点信息及时分发营销方案与规划审核 ②地区热点信息二次及以上分发营销方案与规划审核 2）地域属性信息分发营销规划结果反馈评估 ①合作渠道反馈结果跟踪评估 ②受众反馈结果跟踪评估	（1）方法：讲授法、演示法 （2）重点与难点：地域属性信息分发营销规划结果反馈评估	4

附录

续表

2.1.4 一级/高级技师职业技能培训要求			2.2.4 一级/高级技师职业技能培训课程规范			
职业功能模块（模块）	培训内容（课程）	技能目标	培训细目	学习单元	课程内容	培训建议	课堂学时
2. 信息载体营销	2-1 评估站内与站外精准营销效果	2-1-2 能对站外精准分发信息进行评估	(3) 站外信息精准分发品牌化营销效果评估	(11) 站外信息精准分发品牌化营销规划审核	1) 媒体平台站外精准分发品牌价值规划审核 ①站外平台分发信息载体品牌价值规划 ②站外平台分发信息载体品牌价值规划审核 2) 媒体平台站外分发管理体系建构 ①构建站外信息载体分发管理制度 ②构建站外信息载体接收管理制度	(1) 方法：讲授法、演示法 (2) 重点与难点：媒体平台站外精准分发品牌价值审核	4
				(12) 其他媒体平台品牌竞争环境评估	1) 信息载体分发竞争环境评估 ①信息载体分发速度竞争环境评估 ②信息载体分发质量竞争环境评估 2) 媒体平台竞争环境评估 ①同类媒体平台频道内容设置评估 ②同类媒体平台栏目内容设置评估	(1) 方法：讲授法、演示法 (2) 重点与难点：信息载体分发质量竞争环境评估	4
	2-2 评估多渠道矩阵营销效果	2-2-1 能对传播矩阵精准组合匹配进行评估	(1) 传播矩阵精准组合	(1) 传播矩阵精准组合	1) 媒体平台之间的层次与关系 ①综合门户网站的内容与层次 ②自媒体平台的内容与层次	(1) 方法：讲授法、演示法 (2) 重点与难点：传播矩阵搭建策略	2

一级／高级技师职业技能培训要求与课程规范对照表

续表

2.1.4 一级／高级技师职业技能培训要求				2.2.4 一级／高级技师职业技能培训课程规范			
职业功能模块（模块）	培训内容（课程）	技能目标	培训细目	学习单元	课程内容	培训建议	课堂学时
2．信息载体营销	2-2 评估多渠道矩阵营销效果	2-2-1 能对传播矩阵精准组合匹配进行评估	（2）传播矩阵精准匹配	（1）传播矩阵精准组合	2）传播矩阵搭建策略 ①综合门户网站频道账号建立 ②自媒体平台账号建立		
				（2）传播矩阵精准匹配	1）矩阵账号与受众精准匹配 ①综合门户网站受众偏好匹配 ②自媒体平台受众偏好匹配	（1）方法：讲授法、演示法 （2）重点与难点：矩阵账号与受众精准匹配	2
					2）矩阵账号内容与媒体平台精准匹配 ①综合门户网站信息推送内容匹配 ②自媒体平台信息推送内容匹配		
		2-2-2 能对媒体矩阵多次推送信息效果进行评估	（1）矩阵账号多次推送规划	（3）信息载体多次推送准备	1）同平台账号阶段性推送频次计划审核 2）多平台账号阶段性推送频次计划审核	（1）方法：讲授法、演示法 （2）重点与难点：多平台账号阶段性推送频次计划审核	2
				（4）信息载体多次推送效果评估	1）同平台账号阶段性推送效果审核评估 2）多平台账号阶段性推送效果审核评估	（1）方法：讲授法、演示法 （2）重点与难点：多平台账号阶段性推送效果审核评估	2
				（5）阶段性多次推送效果评估	1）阶段性多次推送受众完成率数据分析报告审核评估 2）阶段性多次推送信息内容完成率数据分析报告审核评估	（1）方法：讲授法、演示法、实训（练习）法 （2）重点与难点：阶段性多次推送信息内容完成率数据分析报告审核评估	2

附录

续表

2.1.4 一级/高级技师职业技能培训要求				2.2.4 一级/高级技师职业技能培训课程规范			
职业功能模块（模块）	培训内容（课程）	技能目标	培训细目	学习单元	课程内容	培训建议	课堂学时
2. 信息载体营销	2-2 评估多渠道矩阵营销效果	2-2-2 能对媒体矩阵多次推送信息效果进行评估	（2）多次推送效果审核评估	（6）传播矩阵多次推送效果评估	1）同平台账号多次推送效果审核评估 ①同平台同栏目账号推送跟踪数据分析报告审核评估 ②同平台同频道推送跟踪数据分析报告审核评估 2）不同平台阶段性组合推送效果跟踪分析报告审核评估 ①不同平台多栏目账号组合推送分析报告审核评估 ②不同平台多频道组合推送分析报告审核评估	（1）方法：讲授法、演示法、实训（练习）法 （2）重点与难点：不同平台阶段性组合推送效果跟踪分析报告审核评估	2
	2-3 评估信息增值营销效果	2-3-1 能对受众人群广告投放策略与效果进行评估	（1）审核广告投放计划与形式	（1）广告信息分类审核	1）广告形式分类审核 ①长期性品牌营销广告审核 ②短期性产品促销广告审核 2）广告产品分类审核 ①品牌广告产品审核 ②地域广告产品审核	（1）方法：讲授法、演示法 （2）重点与难点：广告产品分类审核	2
				（2）广告分类投放计划审核	1）受众黏度数据审核 ①受众点击同类广告频次数据分析审核 ②受众点击同类广告完成率数据分析审核 ③广告受众需求数据整理排序审核	（1）方法：讲授法、演示法、实训（练习）法 （2）重点与难点：广告投放计划审核	2

一级／高级技师职业技能培训要求与课程规范对照表

续表

2.1.4 一级/高级技师职业技能培训要求				2.2.4 一级/高级技师职业技能培训课程规范			
职业功能模块（模块）	培训内容（课程）	技能目标	培训细目	学习单元	课程内容	培训建议	课堂学时
2. 信息载体营销	2-3 评估信息增值营销效果	2-3-1 能对受众人群广告投放策略与效果进行评估	（2）审核受众人群精准投放策略 （3）审核受众人群精准投放效果	（2）广告分类投放计划审核	2）广告投放计划审核 ①目标平台账号精准投放计划审核 ②目标受众精准投放计划审核		
				（3）目标受众有效分析报告审核	1）目标受众需求分析报告审核 2）目标受众的特征分析报告审核	（1）方法：讲授法、演示法、实训（练习）法 （2）重点与难点：目标受众需求分析报告审核	2
				（4）目标受众精准投放计划效果审核	1）目标受众账号精准投放计划效果审核 2）广告产品实时营销效果分析报告审核	（1）方法：讲授法、演示法、实训（练习）法 （2）重点与难点：目标受众账号精准投放计划效果审核	2
		2-3-2 能对推送和分发外部广告进行审核	（1）审核站外广告受众匹配效果	（5）广告植入信息受众需求匹配审核	1）受众对品牌的感知需求分析 2）受众对广告产品的感知需求分析	（1）方法：讲授法、演示法 （2）重点与难点：受众对广告产品的感知需求分析	2
				（6）广告植入信息推送效果分析审核	1）不同植入模式对广告产品销售效果的影响跟踪 2）受众感知与广告植入模式匹配效果跟踪	（1）方法：讲授法、演示法 （2）重点与难点：受众感知与广告植入模式匹配效果跟踪	2
				（7）广告投放流量预期审核	1）广告投放前目标市场阶段性流量数据调取分析审核 2）广告投放后目标市场阶段性流量数据调取分析审核 3）提出广告植入信息投放流量方案与修改建议	（1）方法：讲授法、演示法 （2）重点与难点：提出广告植入信息投放流量方案与修改建议	2

续表

2.1.4 一级/高级技师职业技能培训要求				2.2.4 一级/高级技师职业技能培训课程规范			
职业功能模块（模块）	培训内容（课程）	技能目标	培训细目	学习单元	课程内容	培训建议	课堂学时
2. 信息载体营销	2-3 评估信息增值营销效果	2-3-2 能对推送和分发外部广告进行审核	(2) 评估广告预期回报效果	(8) 广告投放销售预期效果评估	1) 广告投放前目标市场阶段性销售数据调取分析评估 2) 广告投放后目标市场阶段性销售数据调取分析评估 3) 提出广告植入信息投放销售方案与修改建议	(1) 方法：讲授法、演示法 (2) 重点与难点：提出广告植入信息投放销售方案与修改建议	2
3. 数据监控	3-1 制订数据监控方案	3-1-1 能构建数据监控指标体系	(1) 分解数据监控目标 (2) 确定数据监控指标	(1) 构建数据监控指标体系	1) 分解监控目标 ①运营数据监控目标 ②舆情热点监控目标 2) 选定监控对象 ①以媒体为监控对象 ②以话题为监控对象 ③以事件为监控对象 ④以人物为监控对象 3) 确定监控指标 ①预警指标 ②关键词指标 ③时间范围指标 ④信息来源指标	(1) 方法：讲授法、案例教学法 (2) 重点：确定监控指标	2

一级／高级技师职业技能培训要求与课程规范对照表

续表

2.1.4 一级／高级技师职业技能培训要求				2.2.4 一级／高级技师职业技能培训课程规范			
职业功能模块（模块）	培训内容（课程）	技能目标	培训细目	学习单元	课程内容	培训建议	课堂学时
3．数据监控	3-1 制订数据监控方案	3-1-2 能制订数据监控方案	（1）确定数据监控目的（2）制订数据监控方案的方法	（2）制订数据监控方案的方法	1）确定数据监控目的①为数据监控提供依据②提高数据监控效率③提高异动响应速度 2）确定数据监控方案的内容①确定监测责任人②确定监测频率③确定监测报告周期④确定异动响应方案	（1）方法：讲授法、案例教学法（2）重点：确定监测频率、确定异动响应方案	2
	3-2 审核数据监控分析报告	3-2-1 能审核数据监控分析报告	（1）确定数据监控分析报告审核要求（2）审核数据监控分析报告的方法	（1）审核数据监控分析报告的要求与方法	1）数据监控分析报告的审核要求 2）数据监控分析报告审核方法①审核监控分析报告数据的真实性②审核监控分析报告推导依据③审核监控分析报告结论	（1）方法：讲授法、案例教学法（2）重点与难点：审核监控分析报告数据的真实性	2
		3-2-2 能审核媒体分发渠道调整建议	（1）审核媒体分发渠道调整依据（2）审核媒体分发渠道调整建议的方法	（2）审核媒体分发渠道调整建议	1）审核媒体分发渠道调整依据 2）审核媒体分发渠道调整建议的方法①审核建议可行性②预估调整的效果	（1）方法：讲授法、案例教学法（2）重点与难点：审核建议可行性	2

155

附录

续表

2.1.4 一级/高级技师职业技能培训要求				2.2.4 一级/高级技师职业技能培训课程规范			
职业功能模块（模块）	培训内容（课程）	技能目标	培训细目	学习单元	课程内容	培训建议	课堂学时
4. 协同运营	4-1 全媒体传播矩阵运营管理	4-1-1 能构建全媒体传播矩阵方案	(1) 制订全媒体传播矩阵的构建方案 (2) 制订全媒体传播矩阵的优化方案	(1) 制订全媒体传播矩阵的构建方案	1) 全媒体传播矩阵构建方案的制定流程 ①各端口信息发布方式的选择 ②全媒体传播矩阵的搭建原则 ③全媒体传播矩阵的模式选择 2) 全媒体传播矩阵构建方案的优化升级 ①监控数据报告的分析 ②用户反馈表单的分析 ③通过综合分析制订优化方案	(1) 方法：讲授法、演示法、实训（练习）法 (2) 重点：各端口信息发布方式的选择 (3) 难点：通过综合分析制订优化方案	6
		4-1-2 能建立多维度信息出入口	(1) 全媒体各端口信息获取与服务 (2) 多维度信息出入口管理	(2) 多维度信息出入口的构建	1) 全媒体各端口信息获取 ①直接数据获取 ②用户数据反馈 ③数据挖掘 2) 全媒体各端口信息服务 ①内容传播 ②内容营销 3) 多维度信息出入口管理 ①多维度信息整合 ②多维度信息营销	(1) 方法：讲授法、演示法、实训（练习）法 (2) 重点与难点：多维度信息出入口管理	2
	4-2 调整全媒体各端口协同运营战略	4-2-1 能调整全媒体各端口，制定协同运营战略规划	(1) 制订全媒体各端口的调整方案	(1) 制订全媒体各端口调整方案	1) 全媒体运营策略评估 ①内容分析 ②平台分析 ③用户分析 ④效益评估	(1) 方法：讲授法、演示法、实训（练习）法 (2) 重点：全媒体运营策略评估	4

续表

2.1.4 一级/高级技师职业技能培训要求					2.2.4 一级/高级技师职业技能培训课程规范			
职业功能模块（模块）	培训内容（课程）	技能目标	培训细目	学习单元	课程内容	培训建议	课堂学时
4. 协同运营	4-2 调整全媒体各端口协同运营战略	4-2-1 能调整全媒体各端口，制定协同运营战略规划	（2）制定全媒体协同运营战略规划	（1）制订全媒体各端口调整方案	2）制订传播矩阵各端口信息发布方案 ①确定各端口信息发布时间节点 ②确定各端口信息发布内容	（3）难点：制订传播矩阵各端口信息发布方案	
				（2）制定全媒体各端口协同运营战略规划	1）媒体协同运营管理 ①平台矩阵运营管理 ②用户运营管理 ③内容运营管理 ④产品品牌运营管理 2）全媒体协同运营战略规划的制定方法 ①内外部环境分析 ②网络营销STP（市场细分、目标市场、市场定位）战略 ③战略选择	（1）方法：讲授法、演示法、实训（练习）法 （2）重点：平台矩阵运营管理 （3）难点：内外部环境分析	4
		4-2-2 能动态调整运营战略	（1）管理传播矩阵各端口信息内容	（3）传播矩阵各端口信息内容管理	1）传播矩阵各端口信息分类 ①根据信息内容分类 ②根据信息服务范围分类 2）传播矩阵各端口信息整合 ①各内容类型的信息整合 ②各渠道信息内容整合	（1）方法：讲授法、演示法、实训（练习）法 （2）重点与难点：各渠道信息内容整合	2

续表

2.1.4 一级/高级技师职业技能培训要求				2.2.4 一级/高级技师职业技能培训课程规范			
职业功能模块（模块）	培训内容（课程）	技能目标	培训细目	学习单元	课程内容	培训建议	课堂学时
4.协同运营	4-2 调整全媒体各端口协同运营战略	4-2-2 能动态调整运营战略	（2）调整传播矩阵协同运营战略	（4）传播矩阵协同运营调整	1）确定调整内容 ①内容编辑 ②用户设计 ③调整传播渠道 2）战略调整的操作方法 ①战略目标分析 ②关键因素分析 ③战略调整 ④战略评估	（1）方法：讲授法、演示法、实训（练习）法 （2）重点与难点：战略调整的操作方法	4
5.培训与指导	5-1 培训	能对二级/技师及以下级别人员进行理论知识培训	（1）培训二级/技师编写理论知识培训计划 （2）对低级别人员进行理论知识培训	理论知识培训	1）培训二级/技师编写理论知识培训计划 ①确定理论知识培训教材 ②确定理论知识培训内容 ③确定理论知识考核方式 2）对低级别人员进行理论知识培训 ①培训二级/技师编写教案 ②培训二级/技师制作课件 ③进行新知识、新技术的培训	（1）方法：讲授法、案例教学法 （2）重点与难点：确定理论知识考核方式	2
	5-2 指导	能对二级/技师及以下级别人员进行技能指导	（1）技能指导的基本步骤 （2）技能指导的方法	技能指导	1）技能指导概述 2）技能指导的基本步骤 3）指导二级/技师进行技能指导 4）技能指导案例	（1）方法：实训（练习）法 （2）重点与难点：技能指导的基本步骤	2
课堂学时合计							110